J. Fest/H. Hoffmann

Hitler

Gesichter eines Diktators

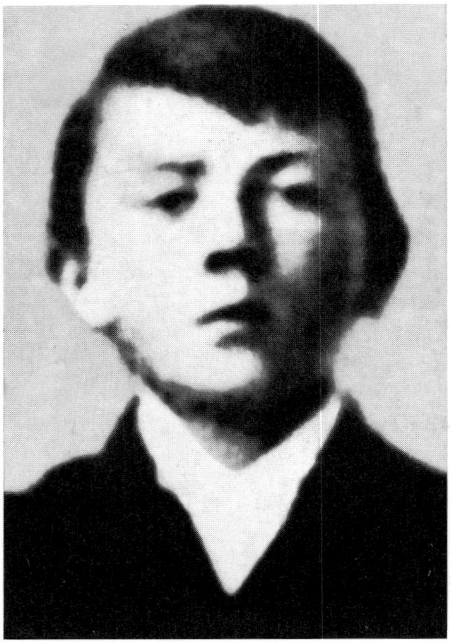

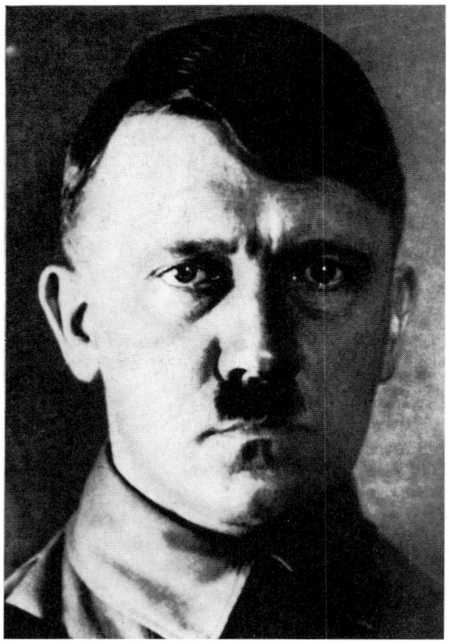
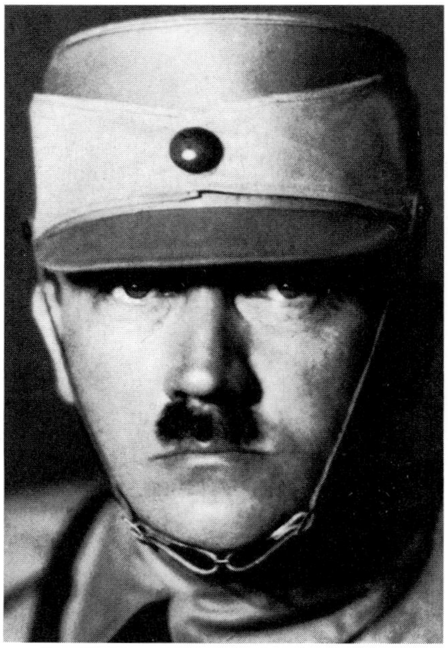

Joachim Fest/Heinrich Hoffmann

Hitler

Gesichter eines Diktators

Eine Bilddokumentation

Herausgegeben von Jochen von Lang

Alle Photos aus dem Zeitgeschichtlichen Archiv Heinrich Hoffmann

2 1/2 Millionen Aufnahmen machte Heinrich Hoffmann als Hitlers Fotograf. Ein großer Teil davon wurde nie publiziert. Hitler hatte die Veröffentlichung verboten. Die Fotos zu diesem Bildband stellte das ZEITGESCHICHTLICHE BILDARCHIV Heinrich Hoffmann zur Verfügung, das heute der Sohn des 1957 verstorbenen Hitler-Freundes verwaltet. Bei der Auswahl wurde den bisher unveröffentlichten oder wenig bekannten Fotos der Vorzug gegeben. Die Bildfolge versucht, die »Gesichter eines Diktators« deutlich zu machen: chronologische Vollständigkeit wurde nicht angestrebt.
Schon der Vater des Hitler-Fotografen widmete sich der zeitgeschichtlichen Fotografie. Er war bayerischer Hoffotograf. So wird sein Sohn als Lehrling im väterlichen Betrieb schon früh Zeuge historischer Begegnungen. Seine ersten Aufnahmen von Kaiser Wilhelm II. und König Edward VII. von England druckten bereits Zeitungen in aller Welt.
Nach einer weiteren Ausbildungszeit in der Schweiz und England – in London bei dem damals berühmtesten Kunstfotografen E. O. Hoppé – eröffnete Heinrich Hoffmann 1909 ein eigenes Atelier in München und spezialisierte sich auf die politische Reportage.
1922 bestellte eine große amerikanische Presseagentur ein Bild des noch wenig bekannten bayerischen Politikers Adolf Hitler bei Heinrich Hoffmann.
Dieser Zufall führte zur Freundschaft zwischen dem Fotografen und dem Diktator des »Dritten Reiches«. Nur Hoffmann durfte ihn fotografieren. Er begleitete Hitler auf seinem Weg an die Macht und in das Chaos.

JOACHIM FEST
Ein Psychogramm des Diktators Adolf Hitler

Größe mißt die Geschichte nach schwer faßbaren, eher willkürlich anmutenden Regeln zu. Ihr Urteil bedenkt weder Glück noch Unglück, weder Kriegs- noch Friedensjahre. Ruhm und Erfolg können Größe bewirken, doch Schande und Mißerfolg auch. Die Geschichte wertet ohne Skrupel, und moralische Kategorien haben keinen Rang vor ihr. Ein Motiv, das der Beschäftigung mit der historischen Größe zugrunde liegt: die staunende oder schaudernde Unterwerfung noch im nachhinein mag vielmehr gerade von der Verwerflichkeit einer Erscheinung die eigentliche Befriedigung erfahren. Der Blick auf Person und Laufbahn Adolf Hitlers wird noch für lange Zeit ohne die Empfindung moralischen Abscheus nicht möglich sein. Dennoch gehört ihr historische Größe.
Das Prädikat hat nicht nur Hitlers Wirkungen im Auge: nicht nur die Katastrophen, die er heraufbeschworen, und die unglaublichen Beschleunigungen, die er dem Zeitlauf gegeben hat, so daß der gegenwärtige Weltzustand ohne ihn nicht gedacht werden kann. Vielmehr ist auch, was zu seiner Zeit geschah, in keiner Phase und in keiner Hinsicht ohne ihn vorstellbar. Jede Definition des Nationalsozialismus oder des von ihm begründeten Herrschaftssystems, die Hitlers Namen nicht enthält, verfehlt die Sache im Kern. In einem der Geschichte bis dahin unbekannten Grade war er, von den kümmerlichen Anfängen in Beiseln und Hinterstuben bis zur Herrschaft über einen großen Teil der Welt, alles aus sich und alles in einem: Lehrer seiner selbst, Organisator einer Partei und Schöpfer ihrer Ideologie, Taktiker und demagogische Heilsgestalt, Führer, Staatsmann und während eines Jahrzehnts Bewegungszentrum der Welt. Er hat den Erfahrungssatz widerlegt, daß alle Revolutionen ihre Kinder verschlingen; denn er war, wie man gesagt hat, »der Rousseau, der Mirabeau, der Robespierre und der Napoleon seiner Revolution, er war ihr Marx, ihr Lenin, ihr Trotzki und ihr Stalin. Nach Charakter und Wesensart mag er den meisten der Genannten weit unterlegen gewesen sein, doch immerhin gelang ihm, was keinem vor ihm gelungen ist: er beherrschte seine Revolution in allen ihren Stadien, selbst noch im Augenblick der Niederlage. Das spricht für ein beträchtliches Verständnis der Kräfte, die er heraufbeschworen hat. Er mag ein widerwärtiges historisches Phänomen gewesen sein – ein bedeutendes war er gewiß«[1]. Die Weimarer Republik wäre möglicherweise auch ohne die Dazwischenkunft Hitlers glücklos gewesen und geblieben; die dreißiger Jahre hätten wohl auch ohne ihn Gegensätze der Interessen und der Ideologien unter den europäischen Nationen offenbar gemacht; und denkbar ist auch, daß die unausgeräumten Konfliktstoffe Europa und die Welt in den vierziger Jahren in einen Krieg verwickelt hätten. Aber die besonderen Umstände, unter denen die Ereignisse sich darstellen, ihre Exzessivität, ihre Barbarei und pathologische Konsequenz, sind unaufhebbar an die Person Adolf Hitlers gebunden.

Diese Person bleibt gleichwohl merkwürdig flach, ausdruckslos, abstrakt. In gewissem Sinne bieten Bismarck oder Napoleon und selbst Cromwell oder Caesar sich persönlicher dar und sind dem Betrachter vertrauter als er. Die Frage, ob er denn wirklich gewesen oder vielleicht doch nur jener »deutsche Zustand« war, als den eine zeitgenössische Formel ihn definierte, ist nicht nur der Witz, für den sie gilt. Die Berichte und Erinnerungen, die wir aus seiner Umgebung haben, machen die Erscheinung nicht greifbarer, in maskenhafter Unpersönlichkeit bewegt er sich durch eine Szenerie, die er gleichwohl beherrschte; auch weiß die einstige Entourage von keinem Wort, von keiner Geste zu berichten, die ihn gelöst zeigte, natürlich und ohne die gefrorene Verkrampftheit des großen Führers. »Er hatte in seinem ganzen Leben etwas unbeschreiblich Distanzierendes«, vermerkte Ribbentrop später, und vergeblich wird man in seiner Biographie nach einer uneigennützigen Beziehung suchen: er blieb ohne Freund, aber auch ein Lächeln fehlt darin, eine Regung der Güte, der Großmut, und bezeichnenderweise gibt es keine Anekdote über ihn. Um den monumentalen Dimensionen des Bildes zu genügen, das er sich von seiner Rolle und Bedeutung gemacht hatte, zwang er sich unter Akten psychischer Selbstverstümmelung in die Pose eines Denkmals hinein, besessen von der Furcht, sich ohne die hochgereckte Konzentration des Staatsmannes zu zeigen. Aus seiner engsten Umgebung wird berichtet, er habe es immer peinlich vermieden, beim Spiel mit einem seiner Hunde überrascht zu werden; sobald er sich beobachtet wußte, jagte er das Tier davon[2].
Das Bild, das von ihm existiert und durch diesen Band Züge hinzugewinnt, zeigt ihn unablässig in Gegenwart von Menschen. Einsamkeit quälte ihn, fast nie war er allein; und doch wuchs unablässig die Zone der Isolierung um ihn herum. Man hat errechnet, daß er im Laufe

seines Lebens vor rund 35 Millionen Menschen auftrat; und doch ist dieses Leben auf nahezu unheimliche Weise menschenleer.
Die individuelle Leere und Ausdrucksarmut ist das Problem, mit dem Adolf Hitlers Biographen ringen. Wie es kaum persönlich Gewinnendes über ihn zu bekunden gibt, so wissen die Quellen auch kaum etwas persönlich Abträgliches zu berichten. Seine Erscheinung lehrt, was der Geschichte auf dieser Ebene bis dahin fremd war: daß unsägliche individuelle Nichtigkeit oder Gewöhnlichkeit mit außergewöhnlicher politischer Meisterschaft in einem Menschen vereint auftreten können. So betrachtet, scheint es die große und permanente Anstrengung dieses Lebens gewesen zu sein, die Welt durch ein beispielloses Geschehen über die eigene Unpersönlichkeit zu betrügen, Kontur zu gewinnen, und sei es durch eine Katastrophe.
Es mag mit dem eigentümlich fiktiven, irrealen Charakter seiner Erscheinung zusammenhängen, daß viele Politiker von rechts und viele Historiker von links sich dazu verführt fühlten, in ihm ein Instrument fremder Zwecke zu sehen. Doch so wichtig die bayerische Honoratiorenschaft und die Reichswehr, so bedeutsam ein Teil der Industrie oder des Großgrundbesitzes für ihn und seinen Aufstieg geworden sind – er hat sich weder von ihnen noch von anderen Mächten benutzen lassen. Dauer und Art der taktischen Bündnisse, die er schloß, bestimmte er allein. Allen Partnern und Mitbewerbern um die Macht zeigte er sich überlegen, weil er voraussetzungslos dachte und war: niemandes Instrument, sondern selbst schlechthin alles – Menschen, Ideen, Kräfte, Gegner, Grundsätze – kühl dem Zweck unterordnend, der die Besessenheit seines Lebens war: der Steigerung persönlicher Macht.

Doch wäre er, aller instinktsicheren politischen Behendigkeit zum Trotz, nie zu so magisch anmutender Macht über die Gemüter gelangt, wenn er die Stimmung seiner neurotisch aufgebrachten Zeit nicht auf eine exemplarische Weise repräsentiert hätte. Die Krisenkomplexe, die Mißgefühle und Wunschvorstellungen der Masse, waren in ihm eine beispielhafte Verbindung eingegangen. Vor seiner Rednertribüne begegnete, feierte und vergötzte sie sich selbst. Der feminine Zug, der ihm eigen war und der ganzen Bewegung eine eigentümlich obszöne Ausdünstung verschaffte, bekundete sich nicht zuletzt in einer überaus sensiblen Empfänglichkeit, die es ihm erlaubte, die geheimsten Regungen seines jeweiligen Publikums aufzufangen und zu artikulieren. An ihm bewahrheitete sich das Wort Jacob Burckhardts, daß die Geschichte es bisweilen liebe, sich in einem Menschen zu verdichten, dem hierauf die Welt gehorche. Zeit und Mensch träten in eine große, geheimnisvolle Verrechnung.
Die Bedingungen, die seinen Aufstieg ermöglichten und trugen, haben ihren spezifischen Untergrund, der von den biographischen Daten allein nicht erfaßt wird. Als Junge, so hat Hitler versichert, habe er sich über seine »zu spät angetretene irdische Wanderschaft oft ärgerliche Gedanken gemacht« und die ihm »bevorstehende Zeit der ›Ruhe und Ordnung‹ als eine unverdiente Niedertracht des Schicksals angesehen«[3]. Indes taucht seine Erscheinung auf vor dem Hintergrund des zerfallenden Habsburger Reiches, des Ersten Weltkrieges und der krisenhaft zerrütteten Nachkriegszeit. Darüber hinaus münden in die Bewegung, die er entfachte, komplexe Motive und Stimmungen, die ihre Ursachen in einem weit zurückreichenden Auflösungsprozeß europäischen Zuschnitts haben. Im Scheitern einer ganzen Ordnung hatte er, der vielfach Gescheiterte, seine Stunde. Unnachahmlich verstand er es, die millionenfach hervorschießenden Gefühle der Lebensangst auszubeuten, dem ziellos wuchernden Haß die Feindbilder zu suggerieren und sich selbst den pseudoreligiösen Sehnsüchten als Objekt und Abgott anzubieten. Auf ihn richtete sich die Hingabebereitschaft entwurzelter, zu allem entschlossener Massen, denen er im erfindungsreich zelebrierten Taumel jene Gewaltbekenntnisse abforderte, die den prätotalitären Charakter der Epoche enthüllten.

Seine Stärke war, daß er die Wirklichkeit ignorieren konnte, wo immer sie seinen Wunschvorstellungen widersprach. Wenn er sich, nach einem seiner erfolgreichen außenpolitischen Coups, in prahlerischem Zynismus den »größten Schauspieler Europas« genannt hat, so liegt darin mehr als ein Hinweis auf seine Verstellungskraft. Er bedurfte der Selbstverzauberungen, der illuminierten Haupt- und Staatsaktionen, der Knalleffekte. Auf dem Grunde seines Wesens war er eine Theaterexistenz, nur und eigentlich bei sich in den illusionären Scheinwelten, wo er vor atemverhaltendem Publikum, weitausholend im gleißenden Licht, die große Szene deklamierte, die in ihm die große Charge fand. Vielleicht hat das Opernheldentum Richard Wagners ihn doch stärker geprägt als man gemeinhin annimmt, und er selbst immer nur die allesüberwältigende Heldenrolle gesucht, die ihm die Auftritte mit großem Blech und zuckendem Kulissenblitz ermöglichte: verführt bis hin zum Abgang in feuriger Benzinlohe von den melodramatischen Analogien, die ihm Schein und Wirklichkeit immer wieder merkwürdig durcheinanderwarfen. Schon der abgerutschte Realschüler in Linz hatte das Vermögen bewiesen, vor jedem Bewährungsanspruch, jeder Schwierigkeit in eine Traumwelt auszuweichen, die er sich neben und über der Realität errichtet hatte. Hier pflegte er, der nach den Worten seines Jugendfreundes August Kubizek von früh auf mit aller Welt überworfen war, seinen Haß und sein zeitig verwundetes Selbstbewußtsein, hier feierte er seine einsamen Triumphe über wehrlose Gegner, und von hier aus schleuderte er seine maßlosen Verdammungsurteile gegen eine übelwollende Mitwelt. Die gesicherten wirtschaftlichen Verhältnisse des Elternhauses erlaubten ihm den Lebensstil eines Taugenichts. Untätig saß er herum, dilettantisch wechselnden Neigungen ergeben, und kultivierte das Sonderbewußtsein des Genies: für sich lehne er die Ausbildung zu einem »Brotberuf«, wie er verächtlich meinte, ab. Bis tief in die Nacht erhitzte der Achtzehnjährige sich über gigantischen Riesenprojekten, mit denen er die selbstgeschaffene Phantasiewelt möblierte: dem Neubau der Wiener Hofburg, der städtebaulichen Umgestaltung der Stadt Linz, dem Besuch in selbstentworfenen Musiktheatern oder Schauspielhäusern, wo er unter Glückskrämpfen der Aufführung von selbstverfaßten Opern und dramatischen Werken beiwohnte, die er indes ohne Kenntnis des kompositorischen Handwerks und ohne Sicherheit in der Orthographie zu träumen und zu planen begonnen hatte. Der Erwerb eines Lotterieloses versetzte ihn für einige euphorische Wochen in jene irreale Welt, die sein eigentlicher Existenzgrund war, eine Welt der großzügigen Ungebundenheit, die er sich mit herrschaftlichem Haus, prunkvoller Einrichtung und gebildeter Hausdame errichtete – ehe der Tag der Ziehung ihm den schon sicher geglaubten Traum zerschlug, und Hitler in einem maßlosen Tobsuchtsanfall nicht nur das eigene Pech, sondern in bezeichnender Steigerung die Leichtgläubigkeit der Menschen, das staatliche Lotteriewesen und schließlich den betrügerischen Staat selbst bis auf den Grund verdammte.

Mit dem Ausbruch ins große Anathema, in die totale Verfluchung, hat er reagiert, sooft die Realität sich ihm hart und jäh entgegenstellte und die Scheinwelten zerriß, die er selbstentrückt behauste: mit dem Unterschied freilich, daß ihm später ein Machtapparat zur Verfügung stand, der die Verdikte mit mechanischer Ungerührtheit vollzog und die Wirklichkeit dafür strafte, daß sie seinen Vorstellungen widerstrebte.

Von Beginn an sind Verhalten und Erscheinung Hitlers nicht frei von einem wahnwitzigen Zug, von einem Element phantastischer Überspanntheit, das in dieser gestörten Realitätsbeziehung seine Ursache hat. Nicht ohne Grund wird diese Beziehung zusehends hochmütiger, provozierender, nachdem zu viele seiner offenkundig widersinnigen Entscheidungen Warner auf den Plan gerufen hatten, die ihm Vernunft und Mäßigung anrieten – und durchweg unrecht behielten. Einen nicht geringen Teil seiner Erfolge verdankte er zweifellos der Neigung, eben das Unmögliche zu wollen: dem Verblüffungseffekt also, den die Mißachtung der berechenbaren Faktoren, der Kräfteverhältnisse und Zumutbarkeiten, bei rational abwägenden Gegnern eine Zeitlang im Gefolge haben kann.

Seinen affektbestimmten, von frühzeitig fixierten Aggressionen geprägten Schimären folgte er allerdings mit einer äußerst konzentrierten Kälte und Nüchternheit in der Methode. Die Verstiegenheit der Ziele beeinträchtigte nicht die Schärfe des taktischen Kalküls, und eben diese unvermittelte Mischung von exzentrischem Phantastentum und Konsequenz, von Dumpfheit, hysterischer Wachträumerei und »Eiseskälte«, wie eines der Lieblingsworte Hitlers lautete, kennzeichnet erst vollständig seine eigentümliche Wirklichkeitsbeziehung.

Doch war die Realitätsverweigerung nicht nur Hitlers Stärke, sondern auch seine Schwäche und eine der Bedingungen seines Scheiterns. Sie trug und beförderte seinen Vorstoß aus dem Nichts, die Kette der staatsmännischen Triumphe und wohl auch einen Teil der militärischen Erfolge. Doch als das Blatt sich zu wenden begann, potenzierte die Mißachtung der Realität jeden Nachteil und die Wirkung jeder Niederlage. Was einst wie Kühnheit und taktische Brillanz gewirkt hatte, erwies sich jetzt als der verzweifelte Leichtsinn eines Hasardeurs. Der Wirklichkeit der Katastrophe, den Toten und den Trümmerfeldern, hat er sich nie gestellt. Seine Weigerung, die zerstörten Städte zu besichtigen, oder die gegen Ende des Krieges entwickelte Gewohnheit, bei Nacht im verhängten Wagen durch das Land zu jagen; die Operationen mit Geisterarmeen oder die absurde, nur durch Befehl der engsten Umgebung abgenötigte Siegesgewißheit sowie schließlich der Rückzug in den Tiefbunker unter der Reichskanzlei, wo er, durch acht Meter Eisenbeton abgesichert, sich noch einmal eine Wahnwelt neben und gegen alle Wirklichkeit zurechtmachte – was anders war dies alles als der Versuch, dem unvergessenen Schock der Erfahrung von einst zu entgehen, den Tag der Ziehung hinauszuzögern? Er hatte noch einmal um das Große Los gespielt, um Weltmacht oder Untergang, und hatte, seiner Sache sicher, damit begonnen, Kontinente zu verteilen, »blutmäßige Flurbereinigungen« durchzuführen, Reiche zu gründen – und verloren.

Der Hang Hitlers zur Realitätsverneinung korrespondierte nicht nur exakt mit der psychologischen Situation der deutschen Öffentlichkeit am Ende des Ersten Weltkrieges, sondern war im einen wie im anderen Falle auch vergleichbaren Ursachen zuzuschreiben. Sowohl der sich genial dünkende Schulversager und abgelehnte Akademiebewerber als auch die Nation, die sich noch im Herbst des Jahres 1918 von expansiven Träumen bis weit nach Polen oder Lothringen hatte entführen lassen, waren der Erfahrung eines abrupt entzauberten Überlegenheitsgefühls ausgesetzt worden; beide hatten sich gedemütigt, betrogen, deklassiert gesehen und erbittert die Suche nach Schuld- und Haßobjekten aufgenommen. Das Leiden an einer Wirklichkeit, die so viel enttäuschender war als das Bild, das sie in den Wachträumen geboten hatte, bekundete sich hier wie dort in der zunehmenden Unfähigkeit, sich den Ansprüchen selbstverantwortlicher Existenz gewachsen zu zeigen.

Diese Koinzidenz von individual- und sozialpathologischer Situation hat die Ausgangslage für den Aufstieg Hitlers geschaffen. Der krankhaft überreizte, unausgelüftete, neurotische Wesensgrund gehört zu ihm wie zu der Zeit, die sich elektrisiert in ihm erkannte. Sein Charisma wirkte unwiderstehlich in der Mischung aus Besessenheit, Vorstadtdämonie und merkwürdig verklebter Vulgarität. Aus dem Bierdunst bayerischer Bräustuben redete er sich in zunehmend perfekter organisierten Kollektivdelirien zur Heilsgestalt empor und riß die Massen in Veranstaltungen, die nach einem Wort des Dichters René Schickele wie öffentliche Lustmorde wirkten, zu »vorwärtstreibender Hysterie« hin. Seine Erscheinung, mit den Mitteln demagogischer Gefühlsappelle in pseudoreligiöse Höhen gesteuert, schien alsbald alle Bedrückung auf sich zu nehmen, und einer wachsenden Anhängerschaft galt er schließlich als der Retter, auserwählt, die deutsche Not zu wenden.

Er verfügte über eine der Vorbedingungen charismatischer Existenz; die fremde, ins Dunkel gehüllte Herkunft. Sie hat jene teilweise bis heute nachwirkende Legende ermöglicht, die von genialischer Frühreife in ärmlichen Verhältnissen weiß, von Schicksalsschlägen, Waisenkindschaft und dem harten Brot der Fremde.

Die Undurchsichtigkeit geht seiner Erscheinung vorauf; denn der Abstammungshintergrund ist, auch jüngsten Bemühungen der Forschung zum Trotz, nicht ganz zweifelsfrei aufgehellt. Gewißheit herrscht lediglich, daß Adolf Hitler den arischen Ahnennachweis, den er für Millionen zu einem Dokument über Leben und Tod erhob, selbst weder besaß noch erbringen konnte. An das Rätsel der Identität des Großvaters haben sich teilweise abenteuerliche, immerhin aus der engsten Umgebung Hitlers stammende Vermutungen geknüpft, die einen jüdischen Einschlag für erwiesen halten und den antisemitischen Irrwahn Hitlers als Ausdruck krankhaften Hasses auf das eigene Spiegelbild interpretieren[4]. So zutreffend es ist, daß Hitlers Verfolgungswille sich vornehmlich gegen Erscheinungen richtete, in denen zumindest die Schatten der eigenen Physiognomie zu erkennen waren, und er seine Praktiken und Bestrebungen mit Vorliebe am Bilde jenes »Weltfeindes« darstellte, in dem er ganz offensichtlich eine heimliche Identität mit sich selbst gewahrte und haßte: den Rückschluß auf die Abstammung, den sie suggerieren oder doch suggestiv stützen wollen, lassen solche Theoreme nicht zu. Die nachprüfbaren Verhältnisse im eher trüben Familienhintergrund erlauben nicht mehr als die Feststellung, daß der Vater Alois der uneheliche Sohn der Magd Maria Anna Schicklgruber war. Erst im 40. Lebensjahr und rund zehn Jahre, bevor ihm in dritter Ehe ein Sohn geboren wurde, der den Namen Adolf erhielt, tauschte er seinen Namen Schicklgruber gegen den seines »Ziehvaters« ein.

Von früh auf wirkt das Leben des Sohnes unglücklich balanciert und einem merkwürdig unsteten Ablauf unterworfen: streckenweise offenbarem Überdruck und atemloser Anspannung ausgesetzt, fällt es dann wieder unvermittelt in eine bleierne oder bloß träge Untätigkeit zurück. Alle späteren Beobachter registrierten ausgedehnte Phasen der Zeitvergeudung, den auffälligen Hang zu einer lässigen und ungeregelten Lebensweise. Die Neigung beeinträchtigte bereits die Leistungen des Schülers und verweist, wie die Noten bezeugen, selbst die zunächst so glaubwürdig anmutenden Bemerkungen Hitlers über sein besonderes Verständnis historischer Vorgänge in den Bereich der Eigenlegende. Im Verlauf der fünfjährigen Realschulzeit kann er einmal die Versetzungsnorm nicht erfüllen, ehe er aus Unlust, Faulheit und launischer Verwöhntheit kurzerhand den Schulbesuch hinwirft. Eine Krankheit, so bekennt er in »Mein Kampf« nicht ohne enthüllenden Effekt, sei ihm plötzlich zu Hilfe gekommen ...

Es ist offenkundig das erste Mal, daß er in einer Frage von Gewicht seinen Willen hysterisch zur Geltung bringt – und durchsetzt. Man kennt aus späteren Zeiten die Schilderung der tränenreichen Beschwörungen, der exaltierten Szenen, der heiseren Betteleien: Episoden, die seinen bezeugten Lebensweg von der Formationszeit der Partei bis in die Irrwelt des Führerbunkers säumen und belegen, daß er die Macht des scheinbar Unterlegenen, die demonstrierte Schwäche und Abhängigkeit, unablässig als psychische Beherrschungsmittel ins Spiel zu bringen versuchte. Schon nach dem frühen Tode des Vaters (1903) fand sein Durchsetzungswille im Grunde keinen Widerstand mehr; insbesondere nicht von seiten der nachgiebigen Mutter, die das familiäre Vermögen in den folgenden Jahren daran wendete, ihrem Sohn das Leben eines halbwüchsigen Müßiggängers ohne Arbeit und geregelten Ausbildungsgang, doch voll der Zerstreuungen sowie der großspurigen und inkompetenten Projektemacherei zu ermöglichen.

Die gänzliche Ungehemmtheit, mit der Hitlers Temperament sich in jenen Jahren entwickeln konnte, ließ schon bald ansatzweise die Züge hervortreten, die das Profil des späteren »Führers« prägten: darunter vor allem die konzentrierte Hartnäckigkeit in der Verfolgung persönlicher Absichten, einen rüden Beherrschungswillen, die mit einem larmoyant sich äußernden Selbstmitleid einhergehende Ichbezogenheit, Rechthaberei und Kontaktarmut. Nicht ohne Beunruhigung vermerkt der Jugendfreund August Kubizek, der seine Erinnerungen immerhin in verklärender Absicht konzipierte, auch einige Elemente der Besessenheit, die sich unter seinen Augen, ohne jede erzieherische Gegenwirkung, zu entwickeln begannen: die plötzlichen hemmungslosen Wut- oder Verzweiflungsanfälle des Achtzehnjährigen, die Vielzahl und Intensität seiner Aggressionen sowie das ganz unbegrenzte Vermögen zu hassen.

Diese noch diffusen Antigefühle und Spannungen fanden schon bei Hitlers erstem Wiener Aufenthalt und weit stärker noch, als er nach dem Tode der Mutter im Dezember des Jahres 1907 zu einem Leben unkontrollierter Freizügigkeit in die Hauptstadt übersiedelte, ihre besonderen Akzente und Konkretisierungen. Zwar waren es nicht, wie die Legende glauben machen will, »Not und die harte Wirklichkeit«, die ihn nach Wien trieben; vielmehr konnte er lange Zeit auf ein recht beträchtliches Erbteil zurückgreifen, das er überdies durch eine betrügerisch verschaffte Rente zu einem ansehnlichen Monatseinkommen zu erhöhen wußte. Doch zweimal im Zulassungsverfahren zur Akademie gescheitert und gleichzeitig geblendet von Glanz und Reichtum der Metropole, begann sich sein noch ziellos vagabundierender Haß zusehends gegen jene bürgerliche Ordnung zu konzentrieren, von der er sich zurückgestoßen sah.

Die Ohnmachtserfahrungen des Deklassierten, der Schritt für Schritt auf abschüssige Bahn geriet, verlangten nach Deutungen, die dem verletzten Selbstwertgefühl Genüge taten. Eine Zeitlang behalf er sich, wie wir wissen, mit dem Überlegenheitsanspruch des verkannten Genies. Dann aber begann das Bedürfnis nach Selbstachtung die ersten noch tastenden Kontakte zu lenken zwischen dem planlos Herumstreunenden und jenen vagen politischen Vorstellungen, die er am Wege, bei den Gefährten im Männerheim, aus Schundheften und Zufallslektüre auflas. Ohne es zu wollen, hat er in »Mein Kampf« beschrieben, wie seine Affekte sich allmählich zu politisieren und die Umrisse eines immer kompakteren Weltbildes anzunehmen begannen. Die eigentümlich penetrante Ausdünstung, die diesem Weltbild über alle Einflüsse von seiten Dritter eigen blieb, bewahrte unverlierbar dessen Ursprung und Anfangsmotive: ein Amalgam aus dem ordinären Machiavellismus des Männerheims und den Haßkomplexen eines unglücklichen, verschmähten Halbgenies.

Seine Ideologie war und blieb bar aller Originalität. Darwinistische, rassische und pangermanische Konzepte hatte sie ebenso rezipiert wie gewisse Gefühlselemente antizivilisatorischer Natur. Dazwischen geisterten die Schatten der deutschen Romantiker sowie Wagners,

Nietzsches oder Paul de Lagardes; sodann, als Reflexe der Zeitstimmung, nationale, restaurative und sozialistische Vorstellungskomplexe, und bis hin zu den krausen Bestrebungen gewisser Lebensreformer und Neuheiden findet sich im Grunde kaum eine der mehr oder minder verbreiteten Strömungen jener Jahre, die nicht zumindest teil- oder zeitweise zur nationalsozialistischen Ideologie einen Akzent beigesteuert hätte. »Wir haben«, so hat Hitler gelegentlich erklärt, »unsere Ideen von allen Sträuchern zu Seiten unseres Lebensweges aufgelesen, und wir wissen nicht mehr, wo sie herstammen« [5].
Tatsächlich spiegelt sein frühes Weltbild ziemlich getreu das ideologische Repertoire des Wiener Kleinbürgertums der Jahrhundertwende wider. In den Parolen der Alldeutschen Bewegung des Ritters von Schönerer, der bewunderten Demagogie des Wiener Oberbürgermeisters Lueger sowie der abgeschmackten Rassenphilosophie eines entlaufenen Mönches namens Adolf Lanz fand er die Thesen, Schlagworte und Losungen, die er zum Gemenge seiner eigenen Weltanschauung zusammenband. Antisemitismus und Sozialistenfeindschaft waren im übrigen modisches Gedankenklischee in der sogenannten guten Gesellschaft, deren Vorurteile Hitler mit dem Selbstwertgefühl des proletarisierten Kleinbürgers, der sich Besseres dünkte, übernahm.
Der Kern der nationalsozialistischen Weltanschauung, der sich ungeachtet einiger späterer Zusätze in diesen Stichworten wiederfindet, ist oft beschrieben worden. Die Geschichte ist danach eine Geschichte von Rassenkämpfen. Die blonde Rasse als »höchstes Ebenbild des Herrn« ist zwar zur Herrschaft über die Erde berufen; doch sehe sie sich mit wachsendem Nachdruck von den minderwertigen Mischlingsrassen, insbesondere den Juden, bedrängt, die als die große Gegenkraft die Welt mit Unterwerfung und Zerstörung bedrohten. Die Presse, die Prostitution und die Syphilis, der Kapitalismus sowohl wie der Marxismus, der Parlamentarismus, die großen Warenhäuser und das Weltbürgertum sowie jeder Begriff, mit dem sich ein vages öffentliches Unbehagen verband oder verbinden ließ, waren nur Tarnformen einer Weltverschwörung, hinter der sich die böse, hassende, blutschänderische Figur des Ewigen Juden verbarg. Kampf und Liquidation auf der einen, Bewahrung der kostbaren Schale nordischen Blutes durch Zucht und Rassenhygiene auf der anderen Seite seien nicht nur ein historischer Auftrag, sondern hätten als Erfüllung des Schöpfungsplanes Weihe und Legitimation eines göttlichen Gebots: »Indem ich mich des Juden erwehre, kämpfe ich für das Werk des Herrn [6].«
Diese Basisvorstellung war versetzt mit einigen nationalen, imperialen und pseudosozialistischen Elementen. Ihre erschreckende Primitivität, die Ungeniertheit, mit der sie Vernunft und Augenschein beleidigte, haben auf die Massen nicht abträglich gewirkt. Der großen Mehrheit freilich ist die inhaltliche Substanz der nationalsozialistischen Weltanschauung, jenseits einiger affektgeladener Schlagworte, Formeln und dunkel-raunender Wortsymbole immer fremd geblieben. Tatsächlich bezog der Nationalsozialismus seine integrierende Wirkung auch weniger aus einem ideologischen System als vielmehr aus dem psychotechnischen Raffinement, mit dem er den von Tag und Stunde diktierten Gefühlen des Protestes und des Mißbehagens die Richtung wies. Seine Originalität lag nicht in den Ideen, die stets einen unverhüllt fiktiven Charakter zeigten, sondern in deren inszenatorischer und rhetorischer Popularisierung. Fahnenwälder, Heilrufe, Marschkolonnen, Fanfaren, Lichtdome, nächtlicher Feuerzauber: mit ingeniösem Erfindungsreichtum stimulierte er unentwegt öffentliche Verzückungszustände. Das Rangverhältnis zwischen Ideologie und Propaganda kommt kaum deutlicher als in der unscheinbaren Wendung zahlreicher zeitgenössischer Zeugnisse zum Ausdruck, wonach Nationalsozialismus »erlebt« werde – eine Formel, die jede intellektuelle, erkenntniskritische Annäherung kurzerhand ausschloß.
Rückschauend hat Hitler selbst zwar ein intellektuell-politisches Bildungserlebnis für sich reklamiert und darauf verwiesen, daß er in seiner Wiener Zeit »unendlich viel, und zwar gründlich« gelesen habe. Doch hat er diese Behauptung durch seine Ausführungen über die »Kunst des Lesens« selbst in Frage gestellt, die nichts anderes war als die Suche nach prägnanten Lehnformeln für die eigenen Vorurteile [7]. Zutreffender ist es wohl, die tatsächlich prägenden Eindrücke dieser Jahre weniger auf intellektueller als vielmehr auf demagogischer und politisch-taktischer Ebene zu suchen. Die Seiten seines Buches »Mein Kampf«, die sich mit seinem politischen Erwachen beschäftigen, bezeugen theoretische Dürftigkeit und lassen nicht einmal einen Nachhall jener kritisch ringenden Auseinandersetzung mit den Ideen der Zeit vernehmbar werden, die er geltend gemacht hat; dagegen wecken die Fragen der Organisation von Ideen, ihrer Eignung zur Mobilisierung der Massen sein fast gieriges Interesse und erste blitzartige Einsichten.

Ideen an sich ließen ihn in der Tat zutiefst gleichgültig, nie bedeuteten sie ihm etwas anderes als Material zur Aufwiegelung und Eroberung der Massen. Wie es seinem profunden Unverhältnis gegenüber allen geistigen Kräften entsprach, haben Widersprüche und Ungereimtheiten der nationalsozialistischen Ideologie ihn unberührt gelassen, solange sie nur dem Erfolg nicht hinderlich waren, den er als »einzigen Richter über Recht und Unrecht« anerkannte. »Jede, und auch die beste Idee«, so hat er dieses Zweckdenken mit apodiktischer Ungenauigkeit im Stil verteidigt, »wird zur Gefahr, wenn sie sich einbildet, Selbstzweck zu sein, in Wirklichkeit jedoch nur ein Mittel zu einem solchen darstellt« [8]. Bedenkenlos hat er sogenannte »granitene« Grundsätze über Bord geworfen, sobald sie sich den taktischen Erwägungen in den Weg stellten. Es gab keine Idee, keinen Glaubenssatz, keinen Programmpunkt, den er nicht um der Eroberung oder Behauptung der Macht willen jederzeit zu verkünden oder preiszugeben bereit gewesen wäre – entschlossen, wie er im engeren Kreise mit gefallsüchtigem Zynismus versicherte, »jeden Tag sechs falsche Eide zu schwören«. Was wie Fanatismus in der Sache schien, war fast durchweg nur Vehemenz in der Methode oder motivlose rhetorische Enthemmung.
Der Nachweis ist für nahezu jeden angeblichen ideologischen Anspruch zu führen; so desavouierte beispielsweise das Verhalten in der Südtirolfrage die nationalen Beteuerungen, das Bündnis mit Japan die rassische oder die Taktik gegenüber den Unternehmern die wirtschafts-

politische Programmatik. Nicht nur den frühen Glaubenssätzen, sondern auch dem Namen der Partei zum Trotz hat Hitler sich ihren sozialistischen Vorstellungen, wie verschwommen immer sie artikuliert waren, nie verpflichtet gefühlt und im Arbeiter keineswegs den revolutionären Typus der Zukunft gesehen, sondern das rückständige, beschränkte, gewaltentschlossene und eben deshalb am ehesten formbare Material für ambitiöse politische Zwecke. »Die Ideen unseres Programms«, so hat er in einer Rede erklärt, »verpflichten uns nicht, wie Narren zu handeln.« Angesichts seiner souveränen Treulosigkeit gegenüber Programmen und Grundsätzen versuchten einige biedere völkische Rivalen während der Formationszeit der Partei sogar, Hitler nachzuweisen, daß er »in Wirklichkeit gar nicht Antisemit (sei) und über kurz oder lang auch das ganze bisherige antisemitische Programm der NSDAP abbauen (werde), wenn es gälte, Stimmen zu fangen« [9].

Der Verdacht war zwar irrig, aber doch ungemein bezeichnend und ein Hinweis darauf, daß selbst der Antisemitismus Hitlers eine taktische Seite erkennen ließ: so hat er denn auch gelegentlich geäußert, er wisse natürlich, daß die Rassentheorie wissenschaftlich nicht haltbar sei; immerhin erweise der Begriff der Rasse sich als nützlich, um dem der Nation den Rang abzulaufen; und an anderer Stelle hat er versichert, wenn es den Juden nicht gäbe, so müßte man ihn erfinden [10]. Selbst in die unverrückbaren Aggressionen Hitlers, soviel scheint das zu beweisen, mischte sich ein Element der Berechnung, und noch die scheinbar zügellosen Ausbrüche waren durchsetzt von verschlagenen Zweckerwägungen.

Die Verwendung ideologischer Elemente in ihrer klassischen Funktion, das heißt zur Vernebelung oder doch Drapierung herrschaftstechnischer Sachverhalte, markiert den Weg Hitlers von Beginn an. So hat er auf ideologische Motive gestützt, warum er im Jahre 1913, nach einer Phase der brütenden Untätigkeit und der schwärmerischen Tagträume, Wien verlassen hat: »Mir erschien die Riesenstadt als Verkörperung der Blutschande.« Auch beschwor er seine Sehnsucht, »des Glückes teilhaftig (zu) werden, an der Stelle sein und wirken zu dürfen, von der einst ja auch mein brennendster Herzenswunsch in Erfüllung gehen mußte: der Anschluß meiner geliebten Heimat an das gemeinsame Vaterland, das deutsche Reich.«

Im Gegensatz dazu schließen freilich die inzwischen wiederaufgefundenen Militärpapiere Hitlers jeden Zweifel daran aus, daß er sog. Stellungsflucht begangen, sich also der militärischen Dienstpflicht entzogen hat. Der weinerliche Brief des schließlich doch Aufgespürten an den »Magistrat Linz Abt. II« verrät, daß er auch in München dem müßiggängerischen Stil der Wiener Jahre treu blieb [11]. Durch den gelegentlichen Verkauf von Skizzen oder kleinen Aquarellen nach Münchener Motiven verschaffte er sich einen unsicheren Erwerb, hing apathisch den Träumen einer ruhmreichen Karriere nach, überließ sich seinem Selbstmitleid und hoffte verloren auf eine schlagartige Verwandlung der Szenerie, eine wunderbare Wende.

Die Hoffnung trog nicht. Es existiert eine berühmte, auch in diesem Band enthaltene Zufallsaufnahme vom 1. August 1914; sie zeigt Hitler, anläßlich der Proklamation des Kriegszustandes, unter der begeisterten Menge auf dem Münchener Odeonsplatz. Deutlich vermeint man, in den Zügen die Spuren jener ekstatischen Erregtheit zu entdecken, die er für jene Tage bezeugt hat: »Mir selber kamen die damaligen Stunden wie eine Erlösung aus den ärgerlichen Empfindungen der Jugend vor. Ich schäme mich auch heute nicht, es zu sagen, daß ich, überwältigt von stürmischer Begeisterung, in die Knie gesunken war und dem Himmel aus übervollem Herzen dankte« [12]. Wider alles Erwarten verschaffte dieser Krieg ihm die Möglichkeit, der Problematik eines unbewältigten Lebens zu entkommen und aus der Einsamkeit der zurückliegenden Jahre in die Geborgenheit einer festgefügten Gemeinschaft zu flüchten. Zum ersten Male hatte er eine Aufgabe, durfte er sich solidarisch fühlen und das Prestige einer gewaltigen und furchteinflößenden Institution auf sich selbst beziehen.

Der Krieg, die Ungebundenheit und außergesetzliche Eigenmacht des Daseins an der Front, das Erlebnis des Kampfes, die Erfahrungen der Männergemeinschaft – das alles ergänzte und intensivierte das Bildungserlebnis des einstigen Männerheiminsassen. Er sah seine ordinären Maximen beglaubigt und erlebte zugleich die ersten Selbstbestätigungen. Vier Jahre später erst, mit dem Ende des Krieges, kam, was der unerschrockene und dekorierte Meldegänger Adolf Hitler offensichtlich vor allem gefürchtet hatte: die drohende Rückkehr in die Schrecken der Normalität. In dem Verzweiflungsausbruch, mit dem er auf die Nachricht von der deutschen Niederlage reagierte, bekundete sich weniger ein nationales, als vielmehr ein panisches privates Verlorenheitsgefühl.

Der pathetisch memorierte Beschluß, Politiker zu werden, mit dem Hitler das Kapitel seines Buches »Mein Kampf« über die Revolution vom November 1918 abschließt, hatte in der Tat alle Merkmale einer Verlegenheitslösung. Der Vorgang bestätigt die Auffassung, wonach alle großen persönlichen »Entscheidungen« im Leben Hitlers lediglich Ausweichbewegungen, Reaktionen mit Fluchtcharakter gewesen seien: vom Schulabgang und dem Weg nach Wien, über den Krieg und die ersten Schritte in die Politik bis hin zu erneutem Krieg und ratlos hinausgezögertem Untergang [13]. Entgegen dem populären Bild vom energischen und entschlußfreudigen Führer betonen alle Zeugnisse, die wir besitzen, übereinstimmend Hitlers ungewöhnliche Unschlüssigkeit, seine Neigung, eine Entwicklung dem Wirken zufälliger Kräfte anheimzugeben und sich erst, wenn Umstände oder Gegner ihm keine freie Wahl mehr ließen, zum Entschluß zu zwingen. Was er Schicksal oder Vorsehung nannte, war nichts anderes als die Rationalisierung seiner Entscheidungsscheu.

Der Wunsch, den Pflicht- und Ordnungsansprüchen der verhaßten bürgerlichen Welt zu entgehen, hat denn auch alle Schritte des Kriegsheimkehrers gelenkt, und den V-Mann des Reichswehrgruppenkommandos und Aufklärungsredner allmählich in die Kulisse der bayerischen politischen Szene geleitet: Politik verstand und betrieb er als den Beruf dessen, der ohne Beruf ist und bleiben will. Ziellos sich treiben lassend, sammelte er seine ersten psychologischen und rhetorischen Erfahrungen. Von den

Gesichtern der heimgekehrten Soldaten, die sich um alles betrogen sahen, was ihrer Jugend Größe und Gewicht gegeben hatte: die Opfer, den Heroismus und die Zuversicht, las er allen ratlosen Groll ab und lernte es, ihren blinden Aggressionen festumrissene Feindvorstellungen zu verschaffen. Novemberverbrecher, die jüdisch-marxistische Weltverschwörung, nationale Schmach, das System, Versailler Schande, Juda, Dolchstoß: das waren die aktuellen Schlagworte, die seine ersten Redeübungen trugen.

Eine Reihe von Zufällen, die ihn wiederum in passiver und unschlüssiger Haltung sah, hat ihm schließlich, im September 1919, die Mitgliedschaft einer unbedeutenden völkischen Gruppe, der Deutschen Arbeiterpartei, eingetragen. Er selbst hat sein Zögern beschrieben, ehe er sich teils mißgelaunt, teils belustigt, vor allem aber aus zielloser Verlegenheit dazu entschloß, einige Zusammenkünfte des »Spießervereins« zu besuchen. Keine Partei im engeren Sinne, sondern eher Typ der für das München jener Jahre kennzeichnenden Mischung von Geheimbund und Dämmerschoppen, verhockte sie sich in den Hinterstuben lokaler Bierwirtschaften, ehe Hitler sie an die Öffentlichkeit zu drängen begann. Der 16. Oktober 1919 ist für sie nicht anders als für ihr neues Mitglied entscheidend geworden: Auf ihrer ersten öffentlichen Veranstaltung, vor einhundertelf Personen, ergriff Hitler als zweiter Redner des Abends das Wort. In einem unaufhaltsam sich steigernden Redestrom entluden sich die lange gestauten Affekte, wie in einem Ausbruch aus der Wort- und Kontaktlosigkeit der zurückliegenden Jahre überstürzten sich die Sätze, die Wahnbilder, die Anklagen, »nach dreißig Minuten waren die Menschen in dem kleinen Raum elektrisiert«, während er selbst sich, glücklich, der überwältigenden Erfahrung hingab: »Ich konnte reden [14]!«

Es war der Durchbruch zu sich selbst, das große Befreiungserlebnis, dessen erlösende Bedeutung noch die Tonlage seiner Erinnerung an diesen Abend geprägt hat. Vor oder doch neben aller politischen Leidenschaft war es dieses Verlangen nach Selbstbestätigung, das ihn nun immer erneut auf die Rednertribüne trieb und suchen ließ, was er dort einmal mit orgiastischen Erfüllungsgefühlen an sich erfahren hatte. Augenzeugen und frühe Gefährten haben auf die Unscheinbarkeit des Hitlers jener Jahre verwiesen, seine glanzlose, eher langweilig triviale Erscheinung; erst wenn er in die alsbald immer dichter gedrängten Spaliere eintrat, durch tobende Menschenmauern schritt, einsam, selbstentrückt, doch medial bereit, sich von der Kraft erfüllen und emportragen zu lassen, die im Erwartungsschrei der Massen laut wurde, schien er eine andere, unwiderstehliche Identität zu gewinnen. Er selbst hat bekannt, vor jubelnden Menschenmassen werde er »ein anderer Mensch« [15]. Es bedarf nur eines Blickes in sein Bekenntnisbuch »Mein Kampf«, um den Ursprung dieser Veränderung greifbar zu machen: nicht nur begrifflich pflegte er die Masse mit »dem Weibe« gleichzusetzen; vielmehr weckte ihre Vorstellung eine durchaus erotische Inbrunst, und bezeichnenderweise verhalf sie auch dem gestockten, wie im Starrkrampf formulierenden Stil des Buches zu den einzigen gelösten Passagen. In den immer gieriger begehrten Vereinigungen fand der Kontaktgestörte seine Ersatzbefriedigungen, nur die rhetorischen Ausbrüche mit ihren ekstatischen Selbstbefreiungen öffneten ihm einen Weg aus der monströsen Enge und Gebundenheit seines Wesens. »Wenn er nicht redete, fiel er in seine brütende Dämmerung zurück, vom Dämon verlassen, entschluß- und handlungsunfähig in sich vergraben – post coitum triste [16].«

Sowohl als Schriftsteller wie auch im privaten Umgang fand er denn auch zusehends zu einem monologisierenden Redestil, der die Regeln rationaler Auseinandersetzung ignorierte und lediglich Zuhörer oder Stichwortgeber kannte. Selbst Mussolini mußte 1937, während seines Staatsbesuchs, diese Erfahrung machen, als Hitler nach einem Essen über anderthalb Stunden ohne Unterbrechung auf den sichtlich gequälten Gast einredete, ohne ihm die angestrengt gesuchte Gelegenheit zu einer Gegenäußerung zu gewähren. Ähnliche Erfahrungen machten viele, insbesondere während des Krieges die Angehörigen seiner engeren Umgebung, die sich den nächtlichen, meist bis in die frühen Morgenstunden ausgedehnten Worttiraden über Kunst, Philosophie, Rasse, Kampfzeit, Technik oder Geschichte unter verzweifeltem Ringen mit der Müdigkeit, doch zugleich mit wehrlosem Respekt ausgeliefert sahen.

»Ich habe geredet, geredet und nochmals geredet« – so hat er gelegentlich das Geheimnis seines Aufstiegs zur Macht erklärt. Tatsächlich bedurfte seine Herrschaft auch nach der Machtergreifung zu ihrer ungeminderten Behauptung der ständigen rhetorischen Affektaufladungen. Doch auch Hitler selbst zeigte sich in einem sehr persönlichen, nahezu konstitutionellen Sinne darauf angewiesen. Als er während des Krieges die Rolle des Demagogen mit der des Feldherrn vertauschte, verfiel folglich nicht nur seine Macht über die Gemüter, sondern, in merkwürdiger Entsprechung dazu, auch er selbst. Die rednerischen Exzesse, die seinen Weg von den ersten Auftritten in den Münchener Biersälen bis hin zu den abgekämpften Versuchen der letzten Jahre begleitet hatten, dienten niemals nur der Erweckung fremder, sondern auch als Stimulans eigener Energien. Während der Schlußphase des Krieges klagte er in einer seiner depressiven Stimmungen darüber, daß er wohl niemals mehr in seinem Leben eine große Rede werde halten können: die Vorstellung vom Ende seiner Laufbahn als Redner verband sich für ihn mit dem Begriff des Endes überhaupt.

Unter den Bedingungen, die Hitler zum Erfolg führten, rangiert seine suggestive rhetorische Zwangsgewalt weit vor allen anderen, sei es taktischen, staatsmännischen oder gar militärischen Befähigungen, deren vergleichsweise enge Grenzen eine Zeitlang von den Erfolgen verdeckt wurden, mit denen eine Politik der verwegenen Mißachtung aller Spielregeln für begrenzte Zeit rechnen kann.

Im intimen, rauchgeschwängerten Dunstkreis Münchener Wirtshaussäle begann, was in den triumphal zelebrierten Massenkundgebungen der Nürnberger Parteitage seinen Höhepunkt fand. Mit untrüglichem Instinkt verstand Hitler es, sich den Stimmungen, Wünschen und Vorurteilen eines anfangs oft genug skeptisch, feindselig oder belustigt gestimmten Publikums anzupassen und jene Kontaktschlüsse herbeizuführen, mit denen er eine wachsende Anhängerschaft gewann. Eine nicht abreißende Kette von Konversionen bildete seine Spur: Angehörige aller Schichten, aller Bildungsgrade, niemand schien ausgenommen, nicht einmal jener französische Botschafter, der angesichts der demagogischen Wirkungsmacht des hitlerischen Wortes bekannte, es sei ihm »wiederholt vorgekommen, (daß er) für einige Minuten zum überzeugten Nationalsozialisten wurde«[17].

Niederlage, Inflation und Weltwirtschaftskrise führten Hitler vor allem die Angehörigen der traditionell nationalgesinnten, ökonomisch besonders schwer getroffenen und seelisch desorientierten Mittelschichten zu, die sich von der Radikalität seiner Appelle angezogen und im Innersten verstanden sahen. Während das im Februar 1920 verkündete Parteiprogramm versuchte, das Potential aller gängigen Aggressionen auszubeuten, richtete Hitler seine immer kenntnisreicher zum Einsatz gebrachte rhetorische Verwirrkunst darauf, die irrationalen Wunschbilder der Massen zu politisieren, die Gewalt als Heilmittel problematischer Existenzlagen zu feiern und sich selbst als Figur des Retters anzupreisen. Im Flugzeug über Tausende von Wartenden sich herabsenkend, entfernt im weißen Scheinwerferlicht die ersten Worte suchend und schließlich, ein gestikulierendes Schemen, den Schmelzpunkt besinnungsloser Raserei ansteuernd: so gewann er Züge jener Führergestalt, die in der deutschen politischen Mythologie seit alters ein Flucht- und Kristallisationspunkt für virulente Stimmungen des Unbehagens an der Wirklichkeit gewesen ist.

Der Stil seines Auftretens vor den Massen folgte, allem Augenschein zum Trotz, nicht spontaner Eingebung, sondern war das Ergebnis einer mit äußerster Rationalität ermittelten Methodik, in der nichts unwichtig oder dem Zufall überlassen blieb: die Größe der Versammlung, die Tageszeit, die Zusammensetzung der Zuhörerschaft oder das zur Spannungssteigerung durch eine Regie der Fahnenaufzüge, Marschrhythmen und Heilrufe immer wieder künstlich hinausgezögerte Erscheinen des Redners, der dann, scheinbar überraschend, unter aufflammenden Lichtbündeln, vor eine planmäßig hungrig gemachte, zu kollektiver Verzückung präparierte Menge tritt. Dem Grundsatz entsprechend, daß »nur die fanatisierte Menge lenkbar« werde, orientierte sich auch die Rede selbst an den wirksamsten Fanatisierungseffekten. Die aufpeitschenden Parolen der Empörung, die bewußt primitive Apodiktik der Schuldformeln, das System der Steigerungen, die Tonlage sowie die sorgfältig einstudierte, am fotografischen Bild kontrollierte Gestik – das alles ergab eine, wie Hitler formulierte, »unter genauer Berechnung menschlicher Schwächen gefundene Taktik, deren Ergebnis fast mathematisch zum Erfolg führen muß«[18].

Walter Benjamin hat gelegentlich geäußert, der Faschismus verhelfe den Massen lediglich zu ihrem Ausdruck, nicht zu ihrem Recht. Doch scheint es, daß die Massen sich unter bestimmten Bedingungen mit ihrem Ausdruck begnügen. In der Figur Hitlers erhielten zunächst die heillos zersplitterten Gruppen der Rechten und schließlich auch das unpolitische Bürgertum den unbestrittenen Führer und damit Hoffnungen, Feinde und taktische Einsatzbefehle. Er erlaubte es ihnen, das Bewußtsein unverschuldeter nationaler Ohnmacht und sozialer Degradierung in der Gleichsetzung mit einer vermeintlichen elementaren Kraft zum Ausdruck zu bringen und damit scheinbar zu überwinden.

Von der Begeisterung wachsender Menschenmassen getragen, redete Hitler sich zur Macht, und mit den Mitteln des Redners vor allem behauptete und sicherte er sie. Nur in den pompösen Massenräuschen, wie sie das Regime mit zunehmender Perfektion zu organisieren wußte, gewann es die Identität mit sich selbst. In seinem inneren Zusammenhalt unablässig von Apathie bedroht, bedurfte es, sich zu behaupten, der ständig neu erzeugten Rauschzustände, einer permanenten Stimmung des Überschwangs oder doch der Erwartung spektakulärer Ereignisse.

Groß war es nur auf unsicheren Beinen, es verfügte lediglich über manipulierte Anhänglichkeiten. Damit hängt die atemlose Unrast zusammen, mit der es sich, wie süchtig, unaufhörlich neuen Abenteuern geradezu ergab, und, über die Kriegsgegner der ersten Stunde hinaus, ständig zusätzliche Feinde ausfindig machte, Fronten schuf, Ziele entdeckte, Kriegsschauplätze eröffnete – um schließlich daran, an seinem eigenen Gesetz und Wesen, zu scheitern.

Zwei Anläufe mit unterschiedlicher Taktik, unterschiedlichen Mitteln und schließlich unterschiedlichem Erfolg hat Hitler zur Eroberung der Macht genommen. Unverkennbar ging der erste Versuch, der zum gescheiterten Putsch vom 9. November 1923 führte, unter höchst dilettantischen Begleitumständen vonstatten. Davon zeugt nicht nur der Geschehensablauf, der die Elemente von Posse und Brigantenstück mischte, oder die auf seiten Hitlers und seiner Komplizen groteske Verkennung von Möglichkeiten und Realität, sondern vor allem auch die Bizarrerie der Motive, in denen sich reaktionärer Protest, deutschtümelnde Bigotterie und bajuwarisches Sendungsbewußtsein aggressiv verschränkten. Die Erhebung hatte weder ein politisches noch ein taktisches Konzept, obwohl die Kampfparole von der »Ordnungszelle Bayern« sowie der Ruf zum »Marsch nach Berlin« das eine wie das andere vorzugeben trachteten.

Planlosigkeit und provinzielle Notdurft bereiteten dem Unternehmen ein blamables Ende, obwohl die Legende es später kultisch verbrämte. Indes enthielt die Gewehrsalve, mit der eine Gendarmeriekette an der Münchener Feldherrnhalle den Demonstrationszug sprengte, für Hitler eine Lehre. Die Art, in der er sie beherzigte und aus der Niederlage die theoretischen und taktischen Nutzanwendungen für seine weitere Laufbahn zog, bewies Einsichtsvermögen, undoktrinäre Phantasie und politische Klugheit.

Hitler selbst hat denn auch den Fehlschlag vom November 1923 und den anschließenden Prozeß, der ihm eine rund einjährige Festungshaft eintrug, später als das »vielleicht größte Glück meines Lebens« betrachtet. In der Tat ist der Prozeß zum entscheidenden Wendepunkt seines Selbstverständnisses und damit seiner Laufbahn geworden: in seiner taktisch wie rhetorisch gleichermaßen brillanten Schlußrede vor dem Münchener Volksgericht zog er alle Schuld für das gescheiterte Unternehmen auf sich, um damit zugleich sein Verhalten im höheren Namen vaterländischer und historischer Pflicht zu rechtfertigen; und über den kläglich wirkenden Ver-

suchen der mitangeklagten Honoratioren, Ludendorff und v. Kahr an der Spitze, sich von dem doch seit Monaten in verschwörerischem Einverständnis betriebenen Projekt zu distanzieren, entfaltete er herausfordernd das neu gewonnene Sendungsbewußtsein: von diesem Tage an erkannte er niemanden mehr über sich, von nun an sah er sich nicht mehr als »Trommler« und Vorläufer, sondern als den Retter selbst, den Führer.
Diese Erfahrung ist zugleich der Anstoß und Ausgangspunkt seines unter gänzlich neuen Voraussetzungen begonnenen Kampfes um die Macht geworden. Zwar hatte er auch bei seinem ersten Anlauf die Lehre Luegers bedacht, daß der Politiker sein Hauptaugenmerk einerseits auf die in ihrer Existenz bedrohten Schichten des Volkes und andererseits auf das Wohlwollen einflußreicher Kreise und Institutionen zu richten habe; davon zeugten seine Reden ebenso wie seine vielfältigen Verbindungen zur völkischen Honoratiorenschaft Münchens, zumeist in den Salons mütterlicher Freundinnen hergestellt, die sich mit später Entschiedenheit um ihn drängten. Aber irrig und, wie er jetzt erkannte, zum Scheitern verurteilt war nicht nur der Versuch, den Konflikt mit der Reichsgewalt lediglich auf der bayerischen Ebene vorzubereiten, sondern der Gedanke an eine Lösung durch Konflikt überhaupt. Entscheidend war seine Einsicht, daß die gewaltsamen, putschistischen Konzepte für den Griff nach der Staatsmacht ungeeignet seien und nur eine legalistische Taktik Erfolg verspreche. Gewiß bedeutete das nicht die Bereitschaft Hitlers, die Verfassung künftig als verbindliche Schranke seines Eroberungsstrebens zu akzeptieren; vielmehr bedeutete es nur, der einmal erfahrenen Bedrohung durch die Gewehrläufe der Macht solange auszuweichen, bis ihm selbst die Verfügungsgewalt über diese Gewehrläufe gebührte. »Zwar wird es länger dauern«, so erklärte er zynisch, »unsere Gegner zu überstimmen als sie zu erschießen, am Ende aber wird uns ihre eigene Verfassung den Erfolg zuschieben«[19].
An dieses Rezept hat Hitler sich in den folgenden Jahren strikt gehalten, obwohl es angesichts der Stabilisierung der politischen und wirtschaftlichen Verhältnisse seinen Aufstieg beträchtlich verzögerte. Auch als die Weltwirtschaftskrise ihm wieder die Massen zutrieb, hat er seine Route gegen alle Revolten der Ungeduld in den eigenen Reihen verteidigt und die Unterhöhlung der Verfassung ihrer Überwältigung vorgezogen. Dabei räumten ihm die in immer kürzeren Abständen angesetzten Wahlen die Möglichkeit ein, seine demagogische Virtuosität lärmend zu entfalten und die Anwartschaft auf die Macht mit wachsenden Stimmengewinnen zu begründen. Auch als er sich kurz vor dem Ziel noch einmal zurückgeworfen sah, blieb er – unter Weinen und Selbstmorddrohungen die wankelmütige Nervosität seiner Umgebung erstikkend – unnachgiebig bei seiner taktischen Linie. Er vertraute dem Zufall, der ihm so oft beigestanden hatte, der Schwäche und Ratlosigkeit seiner Gegner sowie der eigenen Kraft.
Dieses Konzept, waghalsig und selbstgewiß wie es war, hat ihn am 30. Januar 1933 ans Ziel gebracht. Er hat es auch in den ersten Monaten seiner Kanzlerschaft dem innerpolitischen Eroberungsprozeß zugrundegelegt und schließlich seine außenpolitische Handlungsweise daran orientiert. Durchweg zeigte er sich bemüht, den Schein der Legalität zu wahren, stets verband er die Akte einer revolutionären oder imperialen Überrumpelung mit Beteuerungen seiner Rechtlichkeit sowie dem Bekenntnis zu Frieden und Ordnung. Mal um Mal halfen ihm dabei der Zufall, die echte oder vorgetäuschte Kraft sowie die Unsicherheit der Gegner. Wie er als Kanzler eines mit nur drei Nationalsozialisten besetzten Koalitionskabinetts alsbald alle Kontrahenten überspielte, setzte er auch in der Außenpolitik seine Absichten lange Zeit unangefochten durch. Zwar haben hier wie dort Lüge, Erpressung und gebrochene Versprechungen seinen Erfolgen vorgearbeitet; hier wie dort aber wurden sie letzten Endes möglich, weil seine Gegner keine Klarheit darüber zu gewinnen vermochten, ob seine Dynamik durch vorsichtiges Entgegenkommen oder energische Zurückweisung aufzufangen sei, ehe sie allemal wählten, was ihrer Illusionsbereitschaft entgegenkam.

Erst als er, verwöhnt von seiner fortune, immer mutwilliger die kriegerische Verwicklung zu provozieren begann, wich er von dem Rezept, dem er so viel verdankte, ab. Seine Auffassung war, daß der Krieg, wie er gelegentlich äußerte, ein »getreuer Abklatsch der Verhältnisse der Kampfzeit« sei. Tatsächlich aber hat er selbst diese Parallele verdorben und im Jahre 1939 den Fehler vom November 1923 wiederholt. Einiges spricht immerhin dafür, daß er mit seiner Taktik der vorgetäuschten Friedwilligkeit, die »unverzichtbare Forderungen« mit Gesten scheinbarer Nachgiebigkeit verband, einen Teil selbst seiner ausgreifenden Ziele erreicht hätte. Doch korrumpiert vom Gefühl seiner Unbezwinglichkeit, verblendet vom Erfolg, gab er sie auf und griff wieder, alle Erfahrungen und Warnungen in den Wind schlagend, auf die »putschistische« Lösung zurück – um wiederum, wie schon beim ersten Versuch, doch nun in verheerend vergrößertem Maßstab, zu scheitern.

Hitlers Risikobereitschaft stützte sich nicht nur auf den Rüstungsstandard des Landes; vielmehr schien ihm zu diesem Zeitpunkt auch die Nation auf jenes einheitliche Denk- und Gefühlsschema, das im Bilde der verschworenen Gemeinschaft von Führer und Volk seine durchsichtige Stilisierung erfuhr, weit genug ausgerichtet, um einer kriegerischen Auseinandersetzung standzuhalten.
Auch wenn die eher gedrückte Stimmung in den Tagen des Kriegsausbruchs diese Überlegung in Frage stellte, hat das Regime doch im ganzen mit der Zustimmung und bis zu seinem Zusammenbruch mindestens mit der praktischen Loyalität des deutschen Volkes rechnen können. Unstreitig hat es, von allem Beginn an, weit weniger Gewalt anwenden müssen, als ein verspäteter Widerstand glauben machen will. Schon die Ernennung Hitlers erschien der Öffentlichkeit nicht als ein Kabinettswechsel vertrauter Art, sondern ganz im Sinne der prätentiösen Propaganda des Regimes als revolutionärer Auftakt einer neuen Ära. Eine Welle der Zuversicht und alsbald auch der Begeisterung erhob und trug die von depressiven Gefühlen lange Zeit beherrschten Menschen und entfesselte einen unwiderstehlich um sich greifenden Bekenntnisdrang vor allem zur Person des »Führers«.

Denn wiederum war Hitler der unbestritten dominierende Bezugspunkt des Geschehens. In seinen Händen lag nicht nur die taktische Regie in jenem Eroberungsprozeß, der schon am Tag nach der sogenannten Machtübernahme einsetzte und Schlag auf Schlag, binnen zwanzig Monaten, alle Schlüsselpositionen aufbrach, sondern ihm allein und seinem vor wirkungsvoller Kulisse betäubend entfalteten Charisma war es auch zuzuschreiben, daß das Regime, über die Macht hinaus, die bis dahin nie gewonnene Mehrheit des deutschen Volkes eroberte. Der Enthusiasmus, der von der neuen Führung geweckt wurde, war freilich auf dem Grunde mit einem offenbar bewußt zur Geltung gebrachten Zusatz von Unsicherheit oder gar Angst untermischt. In ihm deutete sich einmal mehr jenes Prinzip der Zweispurigkeit an, das für die psychologische Überwältigungsmethodik Hitlers so bezeichnend war: wie er bei jedem Rechts- oder Verfassungsbruch die Szenerie mit eiligen Legalitätsbeteuerungen abschirmte und verwirrte, so übte er Gewalt nicht ohne skrupelhafte Begleitworte und verband seine Drohungen und die Demonstrationen des Schreckens mit wechselnden Posen, die ihn jovial als Volks- oder Tierfreund zeigten.

Gerade diese Genrebilder der Selbstdarstellung haben in all ihrer anheimelnden Verlogenheit ihre Wirkung nicht verfehlt und das Urteil der an ihren moralischen Kategorien ohnehin irre gewordenen Zeit über den Charakter des Regimes erheblich beirrt. Auch hat die Entschiedenheit, mit der es das Autoritätsvakuum vergangener Jahre beseitigte, dem nationalen Selbstbewußtsein aufhalf und einem ordnungssüchtigen Volke Ordnung schuf, die aufkommenden Zweifel beschwichtigt, nicht anders übrigens als der wirtschaftliche Aufschwung, der so überzeugend mit dem Machtantritt der neuen Männer zusammenzureimen war. Was an Besorgnissen allenfalls verblieb, wurde von einer wirkungssicheren Propaganda allmählich unterhöhlt und fortgespült, anderes kam in verschwiegenen Unmutsäußerungen zu konsequenzenlosem Ausdruck. Selten jedenfalls in seiner Geschichte, so wird man im ganzen und allen späteren Legenden zum Trotz sagen müssen, hat das deutsche Volk sich so eins gefühlt mit sich selbst und zumindest im Überschwang der ersten Phase dem neuen Regime das Erlebnis einer nahezu klassenlosen Gesellschaft gedankt. Die Erscheinung, die eine apologetische oder doch pädagogisch denkende Geschichtsschreibung später »den« Widerstand gegen Hitler genannt hat, hat strenggenommen nie existiert; und die vereinzelten Akte einer im Grunde immer nur individuellen Gegenwehr, die es tasächlich gegeben hat, sind in all ihrer Verlorenheit gerade ein Zeugnis für die Totalität der Zustimmung.

So straff und gegliedert das Regime der vordergründigen Betrachtung erschien, so chaotisch und ungeordnet erwies es sich bei näherem Zusehen. Zwar kam darin eines der Grundprinzipien konsequent totalitärer Herrschaft zum Ausdruck: die Maxime von der Unverläßlichkeit aller Autorität. Denn die bewußt unklar gehaltenen Kompetenzen versetzen nicht nur den einzelnen Bürger in einen Zustand äußerster Unsicherheit, sondern schaffen zugleich auf allen Ebenen Machtkomplexe, die ihre Energie in rivalisierenden Auseinandersetzungen so weit verbrauchen, daß die Herrschaftsspitze ungefährdet bleibt. Darüber hinaus jedoch spiegelte diese Unordnung auch die Herkunft der führenden Männer des Regimes aus der politisierenden Großstadtbohème.

Hitler selbst geriet, nach Abschluß des stürmisch vorangetriebenen Machteroberungsprozesses, zusehends in die alten müßiggängerischen Bahnen. Schon nach kurzer Zeit weigerte er sich, den administrativen Verpflichtungen der Kanzlerschaft nachzukommen. Der Äußerung des Achtzehnjährigen entsprechend lehnte er, was »Brotberuf« daran war, für sich ab. Alsbald trachtete er, dem Druck der Amtsgeschäfte durch ausgedehnte Abwesenheit von Berlin zu entgehen; offenbar ziellos vergeudete er seine Tage, den sprunghaft wechselnden Neigungen folgend. Stumpf, müde vom Leerlauf, saß er fast Abend für Abend bis zu fünf Stunden in seinem Privatkino, er bevorzugte anspruchslose Gesellschaftskomödien mit plattem Witz und sentimentalem Ausgang. Mitunter mochte es ihm vorkommen, als habe sich jener Jugendtraum, den er an den Kauf des Lotterieloses geknüpft hatte, für ihn doch noch erfüllt, nur daß die Ebene edler Herumtreiberei alle einstigen Vorstellungen weit hinter sich ließ. Nur gelegentlich brach er aus seiner bleiernen Untätigkeit unvermittelt in wahnwitzig anmutende Unrast aus. Der Eindruck der Atemlosigkeit, der von ihm ausgeht, hat in diesen abrupten Phasen einer plötzlichen und überfallartigen Aktivität seine Ursache.

In den Rechtfertigungsbemühungen der führenden Helfershelfer des Regimes taucht immer wieder die Formel von der allmählichen Entwicklung Hitlers zum Bösen auf. Die populäre Version dieses Arguments rühmt die Autobahnen und die »Kraft-durch-Freude«-Reisen nach Teneriffa, die Ordnung im Lande und den Respekt vor ihm in der Welt. Erst vom Jahre 1938 an habe Hitler in einer Schwenkung, die alles Voraufgegangene verleugnete, geradezu »krankhaft« reagiert[20] und neben der materiellen zugleich auch die moralische Existenz des bis dahin fähigen, wenn auch strengen Regimes aufs Spiel gesetzt. Im Rahmen dieser Argumentation erscheint der Krieg lediglich als vermeidbarer Irrtum und beispielsweise die Ausrottung der Juden als ein Akt beziehungsloser Unvernunft. Aber Krieg, Verfolgung von Minderheiten oder Ausrottungspraktiken waren in Wirklichkeit keine Ungereimtheiten, in denen das Regime sich selbst untreu wurde; sie waren dessen Konsequenz und nicht zu trennen von dem tüchtigen Durchsetzungsstil, mit dem es im Innern Ordnung schuf. Die Umformung der Gesellschaft in eine total dirigierbare Verfügungseinheit erhielt ihren Sinn erst bei expansiven Zielsetzungen; erst in Krieg und Ausrottung verwirklichte das Regime sich selbst.

Wohl keinem anderen Staatsmann der Geschichte vergleichbar, hat Hitler literarisch offengelegt, was er über viele Umwege, taktische Bündnisse, Friedensschwüre und scheinbare Widersprüche unverrückbar angesteuert hat. Lediglich der überspannte Charakter seiner Äußerungen hat die Welt daran gehindert, ernst zu nehmen, was sogar buchstäblich gemeint war. Bis zuletzt blieb er seinen frühen Fixierungen verhaftet, versöhnt weder durch Erfolg noch durch Verantwortung. Der Vergleich zwischen »Mein Kampf« und den »Tischgesprächen«, den beiden Dokumenten, die Beginn und Ende seiner Laufbahn

markieren, belegt seine eigene Behauptung: daß sich sein Weltbild seit frühester Zeit nicht geändert hat.
Die Idee der Raumeroberung im Osten, des »großen Germanenzuges«, blieb das expansive Leitmotiv im Leben Hitlers. Hier suchte er jene Großräume zu gewinnen, die dem Anspruch auf Weltmacht erst Rückhalt und Gewicht verliehen. Mit apokalyptischer Unbewegtheit, im Massenmord an ganzen Völkern und Rassen, ließ er jenen biologischen »Ausmistungsprozeß« von allem fremdvölkischen »Gesox«, wie er es nannte, in Angriff nehmen [21], der die erste Stufe zur Germanisierung des europäischen Ostens bildete. Ein System von Rollbahnen, Militäranlagen und Wehrdörfern sollte das Gebiet rassisch erschließen und imperial absichern. Dem neuen Menschentyp, wie er in »Pflanzgärten germanischen Blutes« herangezüchtet werden sollte, standen die bewußt im Zustand der Unbildung, Armut und Entwürdigung gehaltenen »Arbeitsvölker« gegenüber.

Schon im Sommer 1942 erließ Hitler die Weisung, in den besetzten Ostgebieten die Abtreibung zu fördern, die Gesundheitsfürsorge einzustellen und ein allgemeines Sklavenbewußtsein zu verbreiten. Etwa zur gleichen Zeit setzten Überlegungen zur Geburtenförderung in Deutschland ein, in denen die ordinäre Plattheit von Kleintierzüchtern ihre schauerlichen Parallelen zur Menschenwelt zog: eine neue Ehegesetzgebung sollte die Bigamie, die Zwangsscheidung kinderloser Ehen sowie die Zwangsverheiratung kinderloser Frauen ermöglichen, ein Zuchtpunktsystem die Kopulierung rassisch hochwertiger Menschen erleichtern und durch »günstige Keimkombinationen« nichts Geringeres als »Nietzsches Übermenschen auf züchterischem Wege« hervorbringen. Ohne jedes Gefühl für fremden Lebens- und Glücksanspruch wurden Schicksale zudiktiert, Volksgruppen umgesiedelt, »Bastardvölker« zertrampelt oder »blutmäßige Fischzüge« durch Nachbarstaaten vorbereitet, um das blonde und hellhäutige Menschenmaterial der »Verbreiterung der eigenen Blutbasis« dienstbar zu machen [22].
Diese »Blicke durch die Seitentüre ins Paradies«, die einstweilen nur dem engsten Kreis vorbehalten blieben, ließen einen Prospekt von bedrückendem Aussehen gewahr werden: ein Weltbild aus Dreigroschenheften, umhüllt von einem obszönen ideologischen Arme-Leute-Geruch; in seinem Hintergrund, gar nicht weit und ansatzweise verwirklicht, erhob sich die Vision eines Großgermanischen Imperiums mit der Welthauptstadt Germania, deren monströse Kulisse alle humanen Maße überstieg und die Imponiersucht des Regimes überaus treffend widerspiegelte. Und dieses Riesenreich war in seiner ganzen Ausdehnung, vom Nordkap bis zum Schwarzen Meer, überzogen mit einem dichten System von Stützpunkten, Garnisonen, Lagern und Wachttürmen, in deren Schutz ein Geschlecht von Herrenmenschen – stolz, wehrhaft und geil – seinem mörderischen Blutkult und der Züchtung des arischen Gottmenschen nachging: wahrlich, nur der Respekt vor den Opfern, die diese trostlose Idylle immerhin forderte, läßt den Hohn verstummen und das Gelächter erfrieren.
Einiges spricht dafür, daß gleichwohl diese Vision den innersten Kern des hitlerschen Glaubensbekenntnisses gebildet hat. Selbst in seinem politischen Testament, das er unmittelbar vor seinem Tod diktierte, fand er noch einmal wortreich zum Thema rassischer Selbstbehauptung zurück, das der öde und alberne Fixpunkt seines Lebens war. Als Staatsmann gescheitert, als Feldherr besiegt, mitten im selbstverursachten Untergang, wollte er zumindest als Ideologe unwiderlegt abtreten.

Tatsächlich hat es besonderer Widerlegungen nicht erst bedurft. Mit dem Ende der Macht, die sie gestützt hatte, ist auch die nationalsozialistische Ideologie dahingegangen. Ihr abrupter und nahezu spurloser Abgang bezeugte einmal mehr, in wie geringem Umfang sie die tragende Idee der Zeit, und wie sehr sie das Alibi eines persönlichen Machtwillens gewesen ist.
Man wird indessen, angesichts der buchstäblich mörderischen Zustimmung, die Hitlers Weltanschauung gefunden hat, nicht davon sprechen können, daß er damit gegen seine Zeit gestanden habe. Hitlers langanhaltende Anziehungskraft rührte gerade daher, daß er die latent vorhandenen Stimmungen medial aufzufangen und seinen Anspruch mit den Bedingungen des historischen Augenblicks zu vereinen wußte. Wo immer und solange ihm dies gelang, war er nahezu unwiderstehlich.
Dennoch repräsentierte er nicht eine bewegende Idee der Zeit, sondern eher deren Ängste, Panikgefühle und Abwehrkomplexe, und in alledem zugleich etwas von dem Schundcharakter der Epoche. Die eigentlich revolutionären Erscheinungen der Geschichte haben ihre Wirkungskraft durchweg aus einer verbindenden Idee, einer neuen, die öffentliche Phantasie erregenden Glücksvorstellung gezogen. Der Nationalsozialismus blieb ohne Utopie, auch wenn er seine Antihaltungen mit Zukunftsvisionen überbaute, die den verängstigten Massen illusionäre Machtgefühle bescherten; er formulierte keine Verheißung, sondern lediglich Versprechungen, seine Wortführer wollten die Welt nicht revolutionär verändern, sondern sich vielmehr einen vorteilhaften Platz darin sichern. So gingen sie daran, alle alten Bindungen aufzulösen, alle Wertnormen und Traditionen zu zerstören. Sie haben auf diese Weise, wie wenig dies auch in ihren Absichten lag, den gesellschaftlichen Prozeß beträchtlich beschleunigt. Indem sie ihre stürmische Dynamik auf ihn übertrugen, waren sie Revolutionäre, auch wenn sie revisionistisch dachten. Nimmt man alles zusammen, so hatten sie in der ideologischen Begründung wenig mehr vorzuweisen als die Objektivierungen einer gefräßigen, offenbar unersättlichen Machtbesessenheit – denn nichts anderes bleibt am Ende, nach allen Aufschwüngen, Exzessen, dynamischen Triumphen und kaltverrichteten Greueln, der verblüffend dürftige Ideengrund dessen, was vor sich ging. Selten in der Geschichte ist die Ausübung von Gewalt, die Zumutung großer Leiden so rechtfertigungslos geblieben wie in diesem Fall. Der Mangel ist das nahezu natürliche Merkmal einer Bewegung, die sich in ihren wenigen ernstzunehmenden Versuchen zur Selbstinterpretation theoretisch gern verleugnet und die »reine Aktion« der Entwicklung einer reinen Lehre vorgezogen hat. Aber eben dieser Mangel ist es auch, der das Urteil der Geschichte über Hitler und seine Herrschaft entscheidend geprägt hat.
Die Erscheinung Hitlers hat dem modernen Selbstbewußtsein einen empfindlichen Stoß versetzt. Vor den

Tribünen, auf denen er seine rednerischen Exzesse leistete, zergingen die letzten Reste eines optimistischen, vom Pathos seiner selbst ergriffenen Menschenbildes. Er lehrte, daß die Mobilisierung einer Millionengefolgschaft nicht einer großen oder vernünftigen und auch nicht einer für die Epoche repräsentativen Idee bedarf; auch wenn die Vorstellung eines nationalen Sozialismus nicht wenige Menschen der Epoche bewegte, nötigt die Art, in der Hitler diese Vorstellung seinen Zwecken auf die durchsichtigste Weise dienstbar machte, zu der Einsicht, daß es überhaupt keiner Idee, die diesen Namen verdient, bedarf, sondern lediglich bestimmter Bedingungen, um Enthusiasmus und Hingabe zu wecken; dann vermögen Hirngespinste, Wahnvorstellungen widersprüchlicher und die Vernunft beleidigender Art mindestens ebenso viel, sofern sie sich nur mit einem energischen Machtwillen und der Fähigkeit zu wirkungsvoller Wortmacherei verbinden.

Wenn das Geschehen jener Jahre undenkbar ist ohne die Person Adolf Hitlers, so ist es doch auch undenkbar ohne die Menschen, die ihm anhingen. Als sie sich aus dem Zusammenbruch, in den sie ihm gefolgt waren, erhoben, wurde Hitler in einer Wendung des verbreiteten Selbstmitleids aus dem Führer zum Verführer. Dem strengen Begriff nach gehört indes zur Figur des Verführers weniger das Opfer als vielmehr der Komplize, und zur Verführung kommt es nur auf dem Grunde eines zumindest heimlichen Einverständnisses. Zur Entstehung und Wirksamkeit des Totalitarismus in einem Lande ist eine totalitär disponierte Gesellschaft erforderlich.

Die Voraussetzungen, die diese Anfälligkeit begründen, waren in den zwanziger und dreißiger Jahren dieses Jahrhunderts aus zahlreichen Gründen in besonderem Maße gegeben: nicht nur in Deutschland, sondern weit darüber hinaus haben Führerprinzip und Gewaltglaube, nationale Rückwärtsgewandtheit und das Pathos jugendlichen Aufbruchs, hat der militante Romantizismus beträchtliche Erfolge gehabt. Das bekunden nicht nur die Gefolgschaften, die Hitler, Mussolini, Franco, Codreanu und zahlreiche andere zu mobilisieren vermochten, sondern auch die Mühelosigkeit, mit der es vor allem Hitler gelang, seiner Zeit (und darin selbst seinen Gegnern) zu imponieren. Ein nicht unbeträchtlicher Anteil an seinen Erfolgen ist zweifellos auf die resignierte Überzeugung seiner Kontrahenten zurückzuführen, daß die eigene Epoche abgelaufen sei und die Zukunft sowie die Geschichte der anderen Seite gehörten.

Die Bedingungen für totalitäre Einbrüche der beschriebenen Art sind heute, unter anderen Vorzeichen, nahezu unverändert gegeben. Sie sind eine Begleiterscheinung entwickelter Gesellschaften, die nach Lebenslügen verlangen. Die säkularisierten Glaubensbedürfnisse und unvergorenen ideologischen Sehnsüchte – der ganze Komplex von irrationalen Reaktionen auf die gewiß schwer durchschaubaren Zusammenhänge der modernen Welt, steht in der Gefahr des unvermittelten Umschlags zum Totalitären. Wenn Hitler selbst auch gescheitert und von einer neuen Generation nahezu vergessen ist, so ist doch keine der Voraussetzungen, die ihn zur Herrschaft brachten, überwunden. In diesem Sinne kann man von einem Scheitern nicht sprechen und muß man es ratsam nennen, ihn vor Vergessenheit zu bewahren.

Ausgewählte Bibliographie

Arendt, Hannah, »Eichmann in Jerusalem«, München 1964
Arendt, Hannah, »Elemente und Ursprünge totaler Herrschaft«, dt. Frankfurt/M. 1955
Bracher, Karl-Dietrich, »Die Auflösung der Weimarer Republik«, 3. Auflage, Stuttgart 1960
Bracher, Karl-Dietrich / Sauer, W. / Schulz, G., »Die nationalsozialistische Machtergreifung«, 2. Auflage, Köln 1962
Broszat, Martin, »Der Nationalsozialismus«, Stuttgart 1960
Bullock, Alan, »Hitler«, dt. Düsseldorf 1953
Burckhardt, Carl Jacob, »Meine Danziger Mission 1937–1939«, Zürich/München 1960
Domarus, Max, »Hitler, Reden und Proklamationen«, Würzburg 1962
Faul, Erwin, »Der moderne Macchiavellismus«, Köln/Berlin 1961
Fest, Joachim, »Das Gesicht des Dritten Reiches«, München 1963
Fest, Joachim, »Hitler«, Berlin 1973
Grebing, Helga, »Der Nationalsozialismus«, München 1959
Heiber, Helmut, »Adolf Hitler«, Berlin 1960
Heiden, Konrad, »Adolf Hitler«, 2 Bde., Zürich 1936/37
Hofer, Walther, »Der Nationalsozialismus«, Frankfurt/M. 1957
Jacobsen, H. A. / Jochmann, W., »Ausgewählte Dokumente zur Geschichte des Nationalsozialismus«, Bielefeld 1961 ff.
Kubizek, August, »Adolf Hitler, mein Jugendfreund«, Graz 1953
Mitscherlich, Alexander und Margarete, »Die Unfähigkeit zu trauern«, München 1967
Maser, Werner, »Die Frühgeschichte der NSDAP«, Frankfurt/M./Bonn 1965
Maser, Werner, »Der Sturm auf die Republik. Frühgeschichte der NSDAP«, Stuttgart 1973
Maser, Werner, »Adolf Hitler. Legende – Mythos – Wirklichkeit«, München (6. Aufl.) 1974
Picker, Henry, »Hitlers Tischgespräche«, Stuttgart 1965
Rauschning, Hermann, »Gespräche mit Hitler«, Zürich 1940
Reichmann, Eva, »Flucht in den Haß«, Frankfurt/M. 1956
Trevor-Roper, H. R., »Hitlers letzte Tage«, dt. Zürich 1948

Anmerkungen

[1] Le testament politique de Hitler. Paris 1959, S. 12 f.
[2] Albert Zoller, »Hitler privat«, Düsseldorf 1949, S. 127
[3] Adolf Hitler, »Mein Kampf«, 37. Auflage, S. 173
[4] Vgl. dazu Hans Frank, »Im Angesicht des Galgens«, Neuhaus 1955, S. 320 f.
[5] Vgl. Hermann Rauschning, »Gespräche mit Hitler«, S. 41
[6] Adolf Hitler, aaO., S. 70
[7] Adolf Hitler, aaO., S. 36 ff.
[8] Adolf Hitler, aaO., S. 234
[9] Vgl. dazu die Studie von Martin Broszat, S. 34
[10] Hermann Rauschning, aaO., S. 219 ff.
[11] Der Brief ist abgedruckt bei Franz Jetzinger, »Hitlers Jugend«, Wien 1956, S. 262 ff.
[12] Adolf Hitler, aaO., S. 177
[13] So Karl-Dietrich Bracher, »Adolf Hitler«, Bern/München/Wien 1964, S. 12
[14] Adolf Hitler, aaO., S. 390 f.
[15] Zit. bei Konrad Heiden, »Adolf Hitler«, Bd. 1, S. 335
[16] Herbert Lüthy, »Der Führer persönlich«, in »Nach dem Untergang des Abendlandes«, Köln 1964, S. 128
[17] Vgl. Robert Coulondre, »Von Moskau nach Berlin, 1936–1939. Erinnerungen des französischen Botschafters«, Bonn 1950, S. 473
[18] Adolf Hitler, aaO., S. 45 f.
[19] Zit. bei Kurt Lüdecke, »I knew Hitler«, London 1938, S. 217 f.
[20] Vgl. Johann Recktenwald, »Woran hat Hitler gelitten?«, München 1963
[21] Vgl. Henry Picker, »Hitlers Tischgespräche im Führerhauptquartier«, Stuttgart 1965, S. 387, wo Hitler den erwähnten Prozeß für den »deutschen Lebensraum« aus Anlaß der Ermordung Reinhard Heydrichs ankündigt.
[22] Vgl. für diesen Zusammenhang Joachim Fest, »Das Gesicht des Dritten Reiches«, S. 367 ff.

22. Januar 1933.
Die Nationalsozialisten demonstrieren in der deutschen Hauptstadt Berlin. Am Grab des ermordeten SA-Mannes Horst Wessel spricht Adolf Hitler, der Führer der Braunhemden: »Noch nach Jahrhunderten, noch wenn kein Stein in dieser großen Stadt mehr auf dem anderen steht, wird man der größten deutschen Freiheitsbewegung und ihres Sängers gedenken!«
Acht Tage später wird Hitler Reichskanzler, »ergreift er die Macht in Deutschland«. 12 Jahre lang singen die Deutschen das Lied Horst Wessels: »Die Fahne hoch«, zusammen mit dem Deutschlandlied als Nationalhymne. Am 30. April 1945 verübt Hitler in den Trümmern Berlins Selbstmord. Der Zweite Weltkrieg, den er begann, endet für Deutschland mit der bedingungslosen Kapitulation. Die Welt mußte ihn mit 50 Millionen Menschenleben bezahlen.

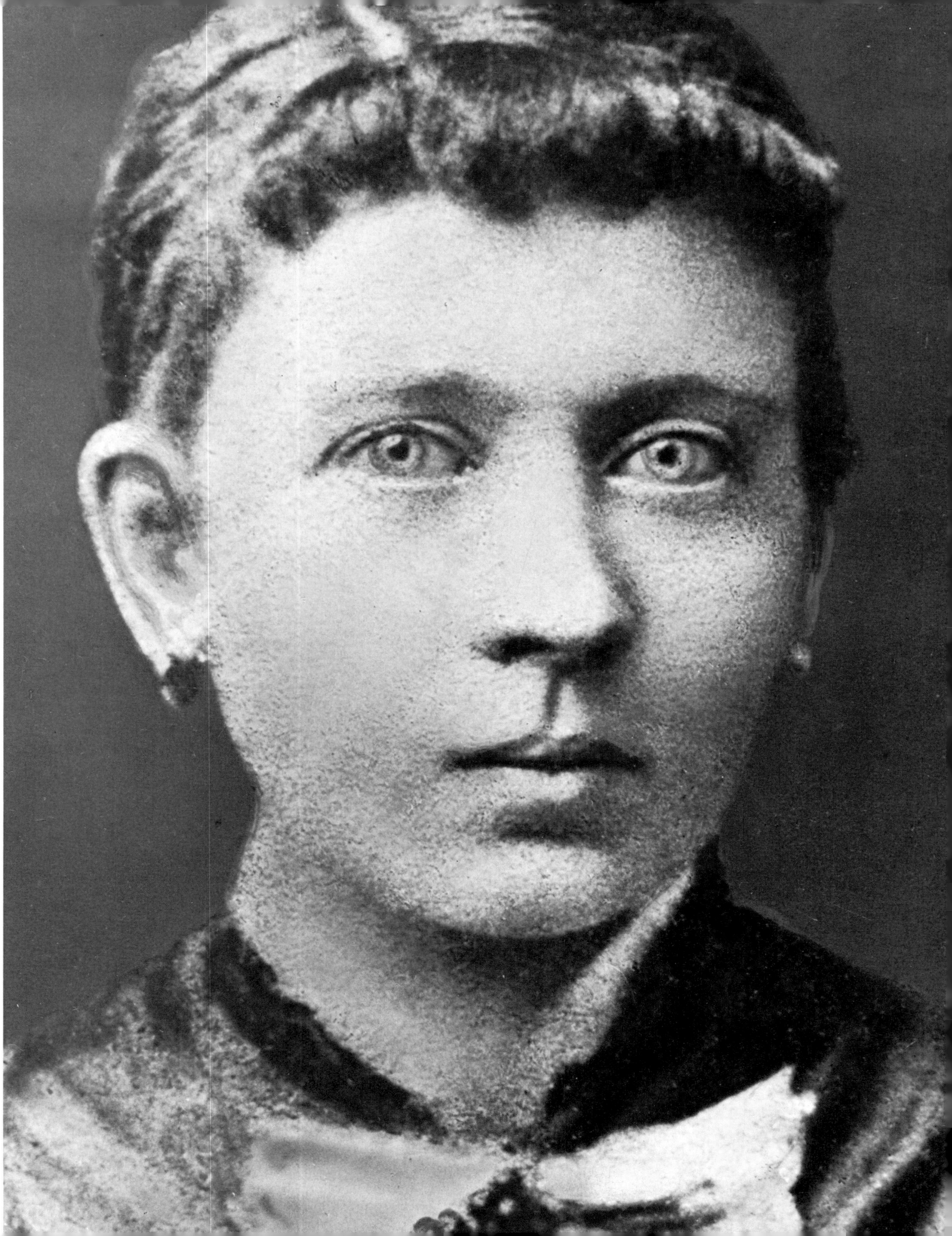

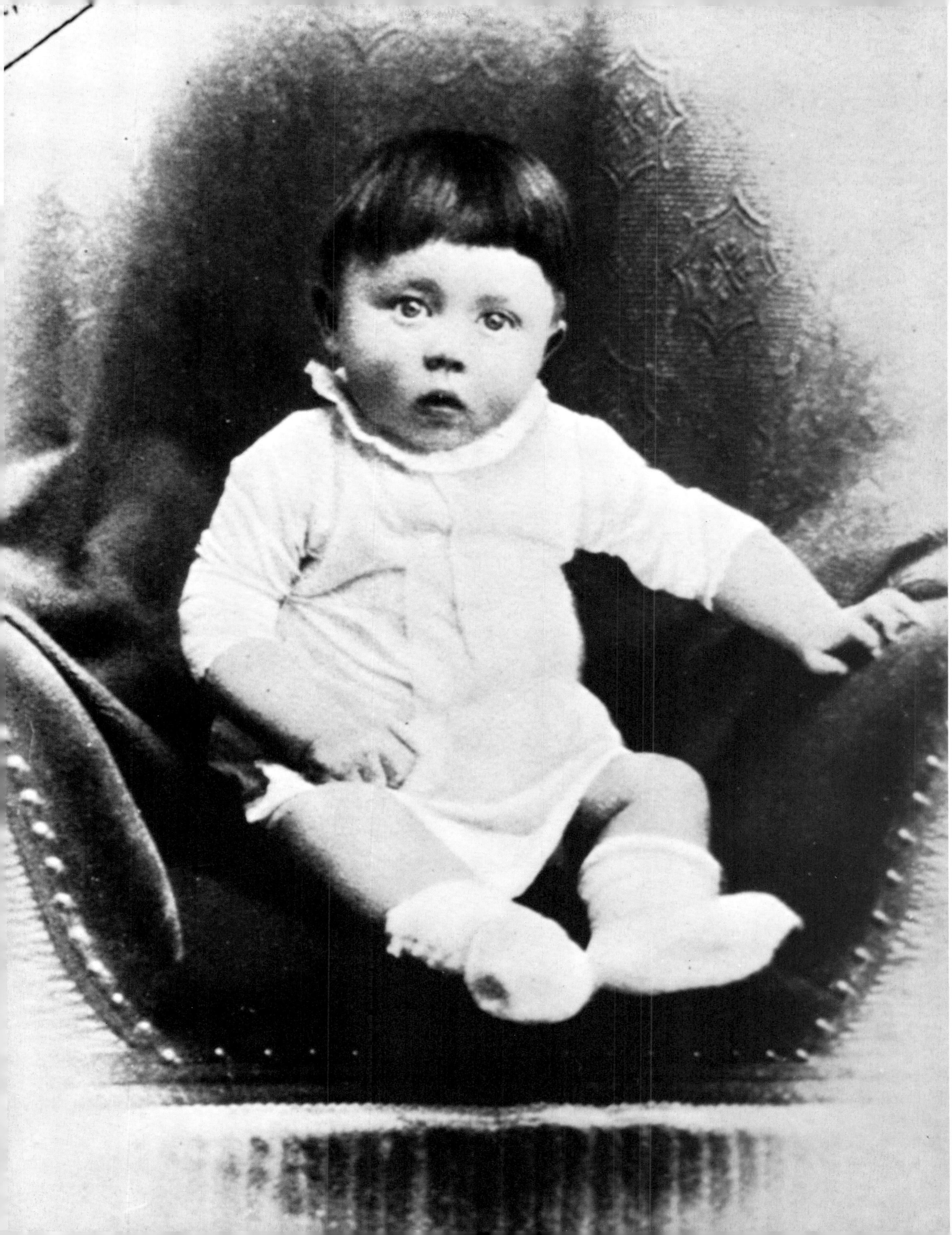

(Vorhergehende
Doppelseite:)
Klara Hitler
und Sohn Adolf

Reichskanzler
Adolf Hitler und
sein Vater Alois

1899 als Volksschüler
in Leonding/Linz.
Obere Reihe Mitte:
der zehnjährige Hitler.(×)

(Nächste Seite:)
Hitler als Häftling in Landsberg, fotografiert von seinem späteren »Leibfotografen«.

IV.

Am 20. April 1889 wird in Braunau am Inn Adolf Hitler geboren.
Hitlers Vater, der Zollamtsoberoffizial Alois Hitler, war das uneheliche Kind der Magd Anna Schicklgruber. Er führte ihren Namen bis zum 39. Lebensjahr. Dann, 1876, gab der Johann Nepomuk Hiedler den Behörden bekannt, sein verstorbener Bruder, Johann Georg, sei der Vater des Alois Schicklgruber gewesen. Fortan nannte sich dieser nun mit neuem Familiennamen Hitler. Diese Namensänderung wird Jahrzehnte später den politischen Gegnern des Adolf Hitler Anlaß zu vielen Verdächtigungen geben. Sie werden behaupten, daß Hitlers Vater in Wirklichkeit das Kind eines Juden und Johann Nepomuk Hiedlers Erklärung nichts weiter als eine abgekartete Sache war.
Alois Hitler stirbt am 3. Januar 1903 in Leonding bei Linz. Der Schlagfluß ereilt ihn im Wirtshaus. Für den Sohn Adolf endet damit die Zeit, da er Abend für Abend den wenig geliebten Vater angetrunken nach Hause holen mußte. Des Vaters Tod befreit ihn zugleich von der Sorge, wie dieser Beamter werden zu müssen. Hitler will Kunstmaler werden. Er hält sich für begabt. Doch es drängt ihn nicht, diesen Entschluß alsbald in die Tat umzusetzen. Nachdem er 1905 wegen schlechter Leistungen die Realschule in Steyr verlassen muß, bummelt er erst einmal herum. Läßt er sich 2 1/2 Jahre lang von der Mutter unterhalten. Endlich, 1907, bewirbt er sich an der Wiener Akademie der Bildenden Künste. Doch seine Probezeichnungen sind ungenügend. Auch in die Architekturklasse wird er wegen fehlenden Talents und mangelnder Schulbildung nicht aufgenommen.
Hitlers Mutter, Klara, geborene Pölzl, stirbt am 21. Dezember 1907, und zwei Monate später siedelt ihr Sohn nach Wien über. Er hat den Gedanken, Kunstmaler zu werden, nicht aufgegeben. Doch auch seine nächsten Versuche, in die Akademie aufgenommen zu werden, scheitern. In seinem Buch »Mein Kampf« wird er dies verschweigen und seinen Lesern die Legende eines mittellosen Waisendaseins in Wien offerieren.
In Wahrheit ist ihm ein reichliches Erbe verblieben, erhält er seine ansehnliche Waisenrente, und eine weitere Erbschaft ermöglicht es ihm, das sorglose Leben eines Müßiggängers zu führen. Er nennt sich Kunststudent, malt Ansichtspostkarten und erzielt durch ihren Verkauf zusätzliches Geld.
Er verschafft sich ein »Weltbild und eine Weltanschauung, die zum granitenen Fundament meines Handelns wurden«. (»Mein Kampf«)
Er beginnt den Parlamentarismus abzulehnen, den Marxismus zu hassen, wird Antisemit und träumt vom Zusammenschluß von Österreich und Deutschland.
Hitler verweigert Österreich den Wehrdienst und flüchtet nach Erhalt des Gestellungsbefehls 1913 nach München. Die österreichische Polizei findet ihn und läßt ihn am 5. Februar 1914 in Salzburg zur Musterung vorführen. Mit der Begründung: »untauglich, zu schwach«, wird er für »waffenunfähig« befunden.
Bei Kriegsausbruch meldet sich Hitler freiwillig zum deutschen Heer. Mit dem 16. Bayerischen Reserve-Infanterie-Regiment »List« geht er an die Westfront. Am 2. Dezember 1914 wird er mit dem Eisernen Kreuz II. Klasse ausgezeichnet und erhält im August 1918 »für besondere Tapferkeit« das EK 1.
Die Revolution und den Zusammenbruch des Kaiserreiches erlebt der bei einem Gasangriff zeitweilig

erblindete Gefreite Adolf Hitler im Lazarett Pasewalk.
Ende 1918 kehrt Hitler aus dem Lazarett nach Bayern zurück. In Deutschland herrscht weiter Revolution. Der Sozialdemokrat Friedrich Ebert, Vorsitzender der provisorischen Regierung der Republik, bemüht sich, Ruhe und Ordnung herzustellen. In diesen Wirren gründet am 5. Januar 1919 in München der Eisenbahnschlosser Anton Drexler die Deutsche Arbeiterpartei (DAP). Sie soll »frei von ausländischem Einfluß ein rechtes Gegengewicht gegen die marxistische Arbeiterbewegung« sein. Am 7. April wird in München die rote Räterepublik für Bayern ausgerufen. Drei Wochen später schlagen Reichswehr und Freikorps den Aufstand nieder.
Am 28. Juni unterzeichnet die deutsche Regierung den Friedensvertrag von Versailles. Die Unruhen in Deutschland halten an. Vier Tage nach dem Besuch einer DAP-Veranstaltung, am 16. September 1919, tritt Adolf Hitler der Partei bei. Seine Mitgliedsnummer: 555. Die Zählung hatte jedoch erst mit der Nummer 501 begonnen. Als Propagandaredner der DAP verkündet er am 24. Februar 1920 im Münchner Hofbräuhaus das Programm der Partei, die sich daraufhin in Nationalsozialistische Deutsche Arbeiterpartei (NSDAP) umbenennt. Am 29. Juli 1921 wird er Parteivorsitzender mit diktatorischen Machtbefugnissen.
Im Januar 1922 gehören der NSDAP 6000 eingeschriebene Mitglieder an. Im November wird sie zum ersten Mal in Preußen von der sozialdemokratischen Regierung verboten.

er als Sechzehnjähriger, gezeichnet von einem Klassenkameraden.

1914. Mobilmachung
in Deutschland.
…f dem Odeonsplatz in
München singt der
Österreicher Hitler mit
bayerischen Patrioten
›Die Wacht am Rhein‹.

Am 4. November 1923 nimmt Hitler mit Dr. Weber (rechts neben Hitler), dem Führer des »Freikorps Oberland«, den Vorbeimarsch des Freikorps ab. Links neben Hitler Alfred Rosenberg, Hauptschriftleiter des ›Völkischen Beobachters‹, seit 1941 Reichsminister für die besetzten Ostgebiete.

7

(Vorhergehende Doppelseite:)
Hitler und seine Mitverschwörer zu Beginn des Hochverratsprozesses am 24. Februar 1924 vor dem Volksgericht München I (von links nach rechts: Pernet, Dr. Weber, Dr. Frick, Kriebel, Ludendorff, Hitler, Brückner, Röhm, Wagner).

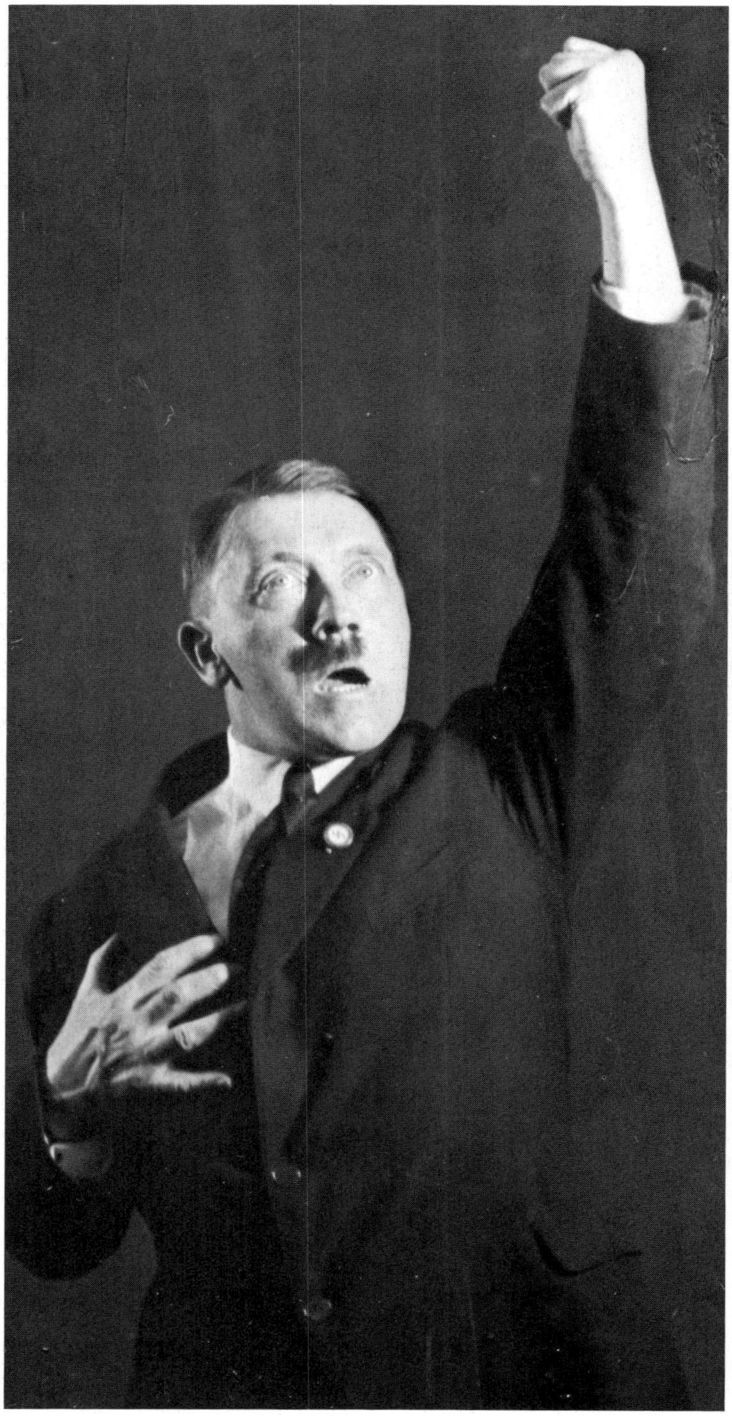

Vor der Kamera des Fotografen Heinrich Hoffmann übt Hitler Rednerposen.

(Nächste Doppelseite:)
Nach Entlassung aus der Haft.
Hitler, 1925, beim Besuch einer bayerischen Ortsgruppe seiner Partei.

(Vorhergehende Doppelseite:)
Hitler im Gespräch mit
Hauptmann Franz Pfeffer
von Salomon, dem obersten
SA-Führer von 1926 bis
1930. Zwischen beiden Hitlers
Sekretär Rudolf Heß.

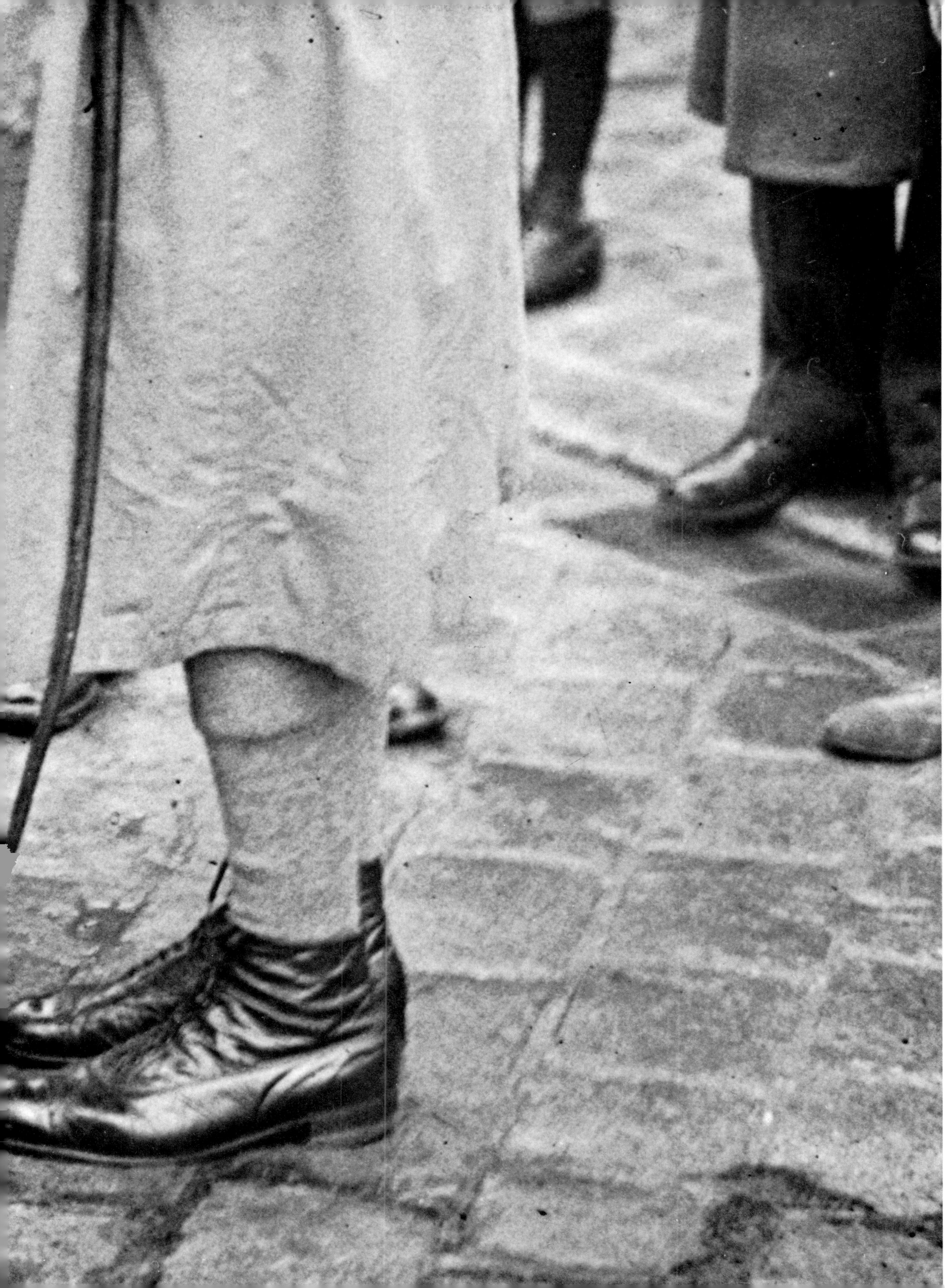

Der »Trommler« Hitler zieht von Dorf zu Dorf und wirbt für seine Partei.

(Nächste
Doppelseite:)
Rednerpose.

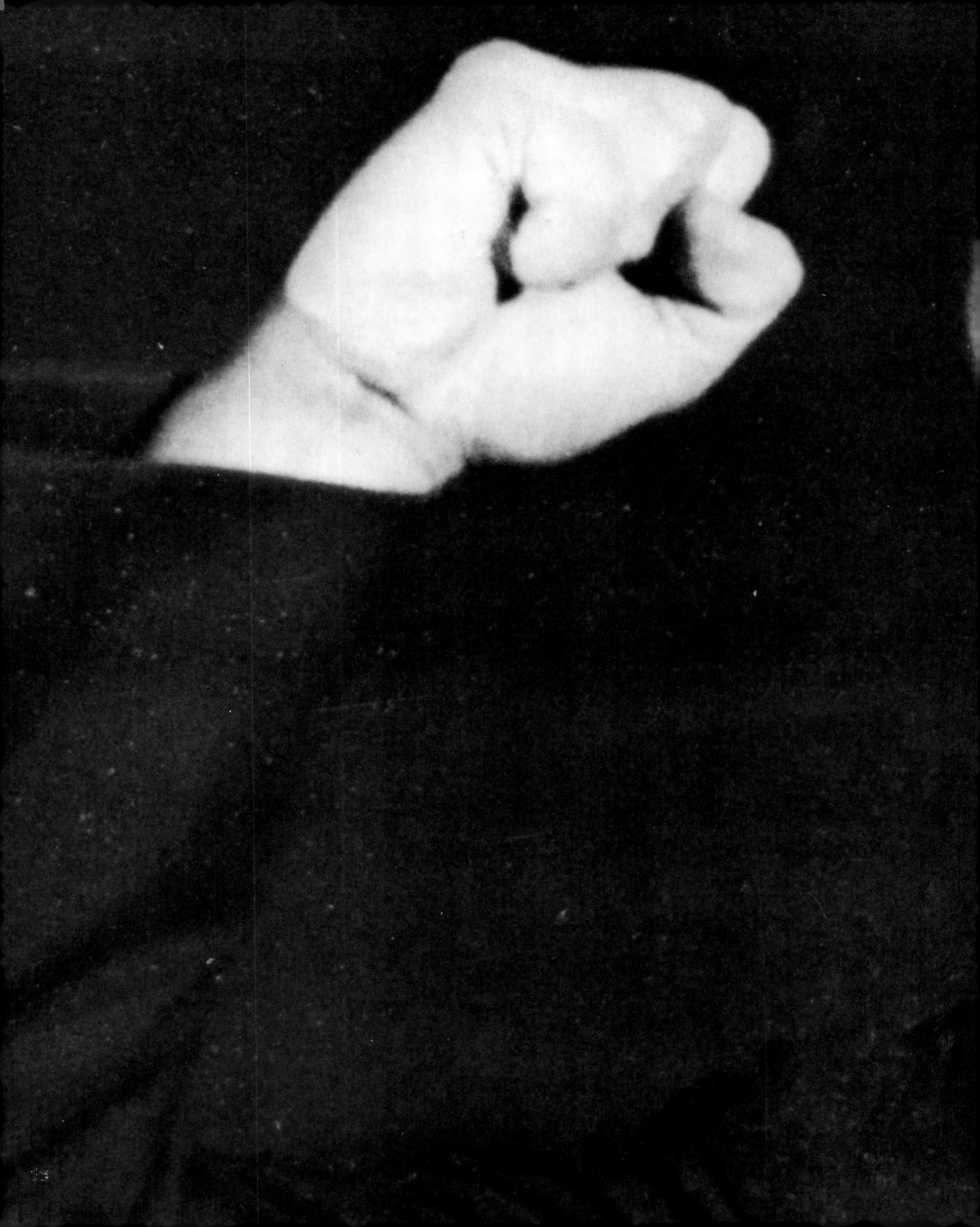

Hitler beim Verlassen eines Versammlungslokals.

Saal
Michael
MOST
Restaurateur

Im Café Heck am Münchner Hofgarten diskutiert Hitler (mit Hut) mit Parteifreunden.

1923. Die junge deutsche Republik leidet fünf Jahre nach ihrer Gründung noch immer unter Geburtswehen. Unruhen erschüttern weiter das Land.
Der Versailler Vertrag lastet schwer auf Regierung und Volk. Die Forderung der Sieger: »Die Deutschen zahlen die Zeche« wird von Franzosen und Belgiern mit Nachdruck durchgesetzt. Sie besetzen das Ruhrgebiet und beuten rücksichtslos die dortige Wirtschaft aus. Auch sonst haben die horrenden Reparationsforderungen der Alliierten die deutsche Wirtschaft in ein Chaos geführt. Not und Elend breiten sich aus. Die allgemeine Unzufriedenheit der deutschen Bevölkerung hat ihren Höhepunkt erreicht. Die Währung zerfällt. Am 1. November sind 130 Milliarden Reichsmark noch einen Dollar wert. In verschiedenen Teilen Deutschlands, so auch in Bayern, erwägt man eine Loslösung vom Reich. Hitler hält dies für den geeigneten Augenblick, um an die Macht zu gelangen. Am 8. November ruft er im Münchner Bürgerbräukeller die »nationale Revolution und Diktatur« aus und ernennt sich zum Reichskanzler. Mit seinen Anhängern will er nach Berlin marschieren, um die Regierung abzulösen. Aber schon am nächsten Morgen stoppen bayerische Landespolizei und Reichswehr den Demonstrationszug der Nationalsozialisten an der Feldherrnhalle. Hitlers erster Versuch, die Macht zu erringen, ist gescheitert.
Die NSDAP wird verboten. Sie zählt gerade 55 787 Mitglieder. Hitler und seinen Mitverschwörern wird am 24. Februar 1924 der Prozeß gemacht. Vor dem Volksgericht München sagt der Kommandierende General der Reichswehr in Bayern, Otto von Lossow, als Zeuge aus: »Hitler hielt sich für den deutschen Mussolini, den deutschen Gambetta, und seine Gefolgschaft bezeichnete ihn als den deutschen Messias... Die bekannte hinreißende und suggestive Beredsamkeit Hitlers hat auch auf mich anfangs großen Eindruck gemacht. Je öfter ich aber Hitler hörte, desto mehr schwächte sich der erste Eindruck ab. Ich bemerkte, daß die langen Reden doch fast immer das gleiche enthielten. Während der eine Teil der Ausführungen für jeden national eingestellten Deutschen selbstverständlich war, legte der andere Teil davon Zeugnis ab, daß Hitler der Wirklichkeitssinn und Maßstab für das, was möglich und erreichbar ist, vollkommen abgeht.«
Hitler sagt in seinem Schlußwort: »Wer zum Diktator geboren ist, der wird nicht gedrängt, sondern der will; der wird nicht vorgedrängt, sondern der drängt selber vor... Wer sich berufen fühlt, ein Volk zu regieren, hat nicht das Recht zu sagen: ›Wenn ihr mich wünscht oder holt, tue ich mit.‹ Er hat die Pflicht, das zu tun.«
Das Gericht verurteilt Hitler und die Mitverschwörer Pöhner, Kriebel und Dr. Weber zu je fünf Jahren Festungshaft. Dr. Frick, Röhm, Wagner, Brückner und Pernet erhalten je ein Jahr und drei Monate und werden sofort auf freien Fuß gesetzt. General Ludendorff wird freigesprochen. Nach dreizehnmonatiger Haft erwägt die bayerische Regierung, Hitler wegen guter Führung vorzeitig zu entlassen. In ihrem Schreiben vom 22. September 1924 warnt die Landespolizei davor: »Im Augenblick seiner Freilassung wird Hitler dank seiner Energie wieder die treibende Kraft erneuter und ernst zu nehmender öffentlicher Revolten und eine Bedrohung für die Staatssicherheit werden. Hitler wird seine politische Tätigkeit wiederaufnehmen, und die Hoffnung der Nationalisten und Völkischen, daß es ihm

gelingen würde, die derzeitige Uneinigkeit unter den halbmilitärischen Verbänden zu überwinden, wird sich erfüllen.«
Trotz dieser Warnung erfolgt Hitlers Entlassung am 20. Dezember 1924. Kurz darauf bittet er den bayerischen Ministerpräsidenten Held um Wiederzulassung seiner Partei und verspricht, in Zukunft nur noch im Rahmen der legalen Möglichkeiten politisch tätig zu werden; Held hebt das Verbot der NSDAP auf und gestattet das Wiedererscheinen der Parteizeitung »Völkischer Beobachter«.
Helds Kommentar nach dem Hitler-Besuch: »Die Bestie ist gezähmt, jetzt kann man die Fesseln lokkern.« Bei der Neugründung der NSDAP, am 27. Februar 1925, erklärt Hitler im Bürgerbräukeller: »Entweder geht der Feind über unsere Leichen, oder wir gehen über die seine.«
Hitlers Provokationen gegen die demokratische Ordnung beantwortet die bayerische Regierung mit einem Redeverbot. Andere Länder schließen sich an. Zeitweilig darf Hitler nur in Württemberg, Thüringen, Braunschweig und Mecklenburg-Schwerin reden.

(Nächste Doppelseite:)
Hitler posiert in bayerischer Tracht vor der Kamera des Fotografen Heinrich Hoffmann.

In Weimar, 1926, grüßt Hitler mit dem ›Deutschen Gruß‹, als er den Vorbeimarsch seiner Anhänger vor dem ›Haus Elephant‹ abnimmt.

IIA -
D

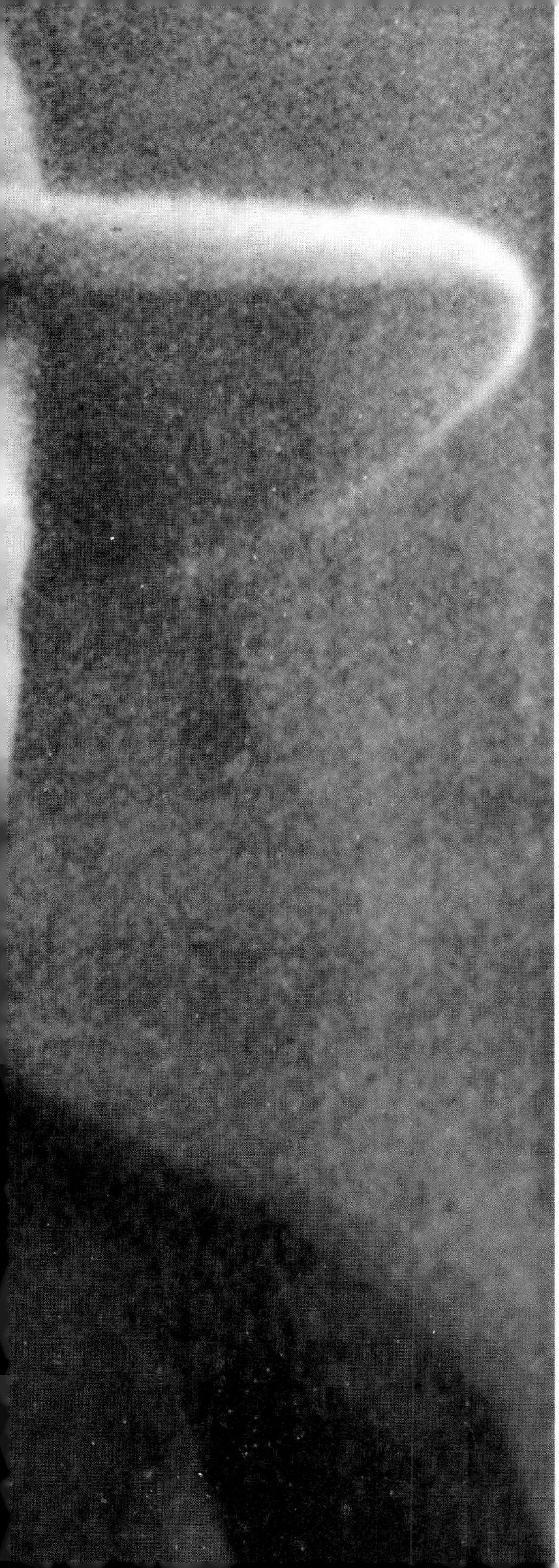

Hitler und sein Sekretär Rudolf Heß, der nach der Regierungsübernahme Hitlers Stellvertreter in der Partei wird. Am 10. Mai 1941 fliegt Heß als Friedensvermittler auf eigene Faust nach Schottland.

Auf dem Parteitag 1927 in Nürnberg wird Hitler begeistert gefeiert (links im Vordergrund Julius Streicher).

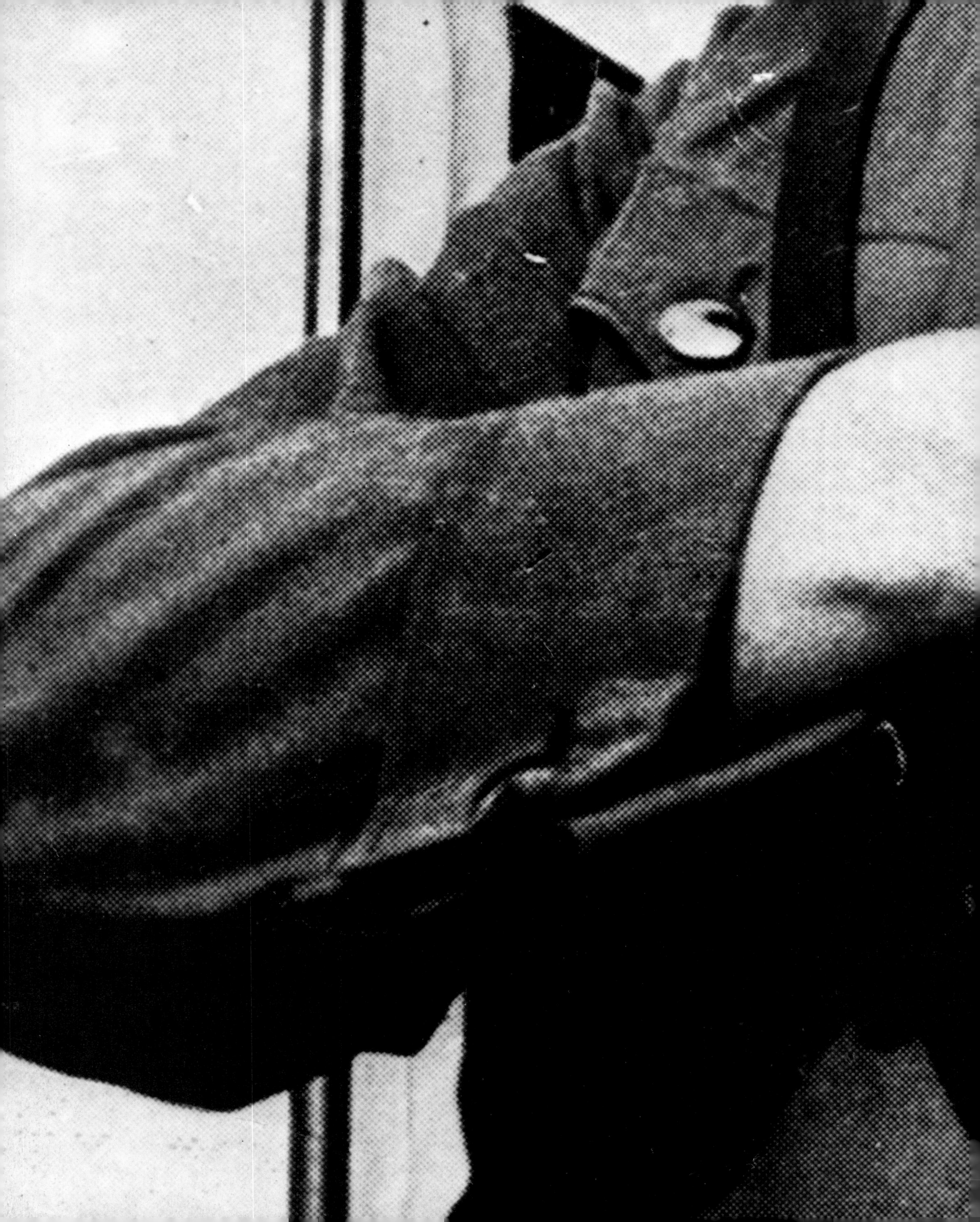

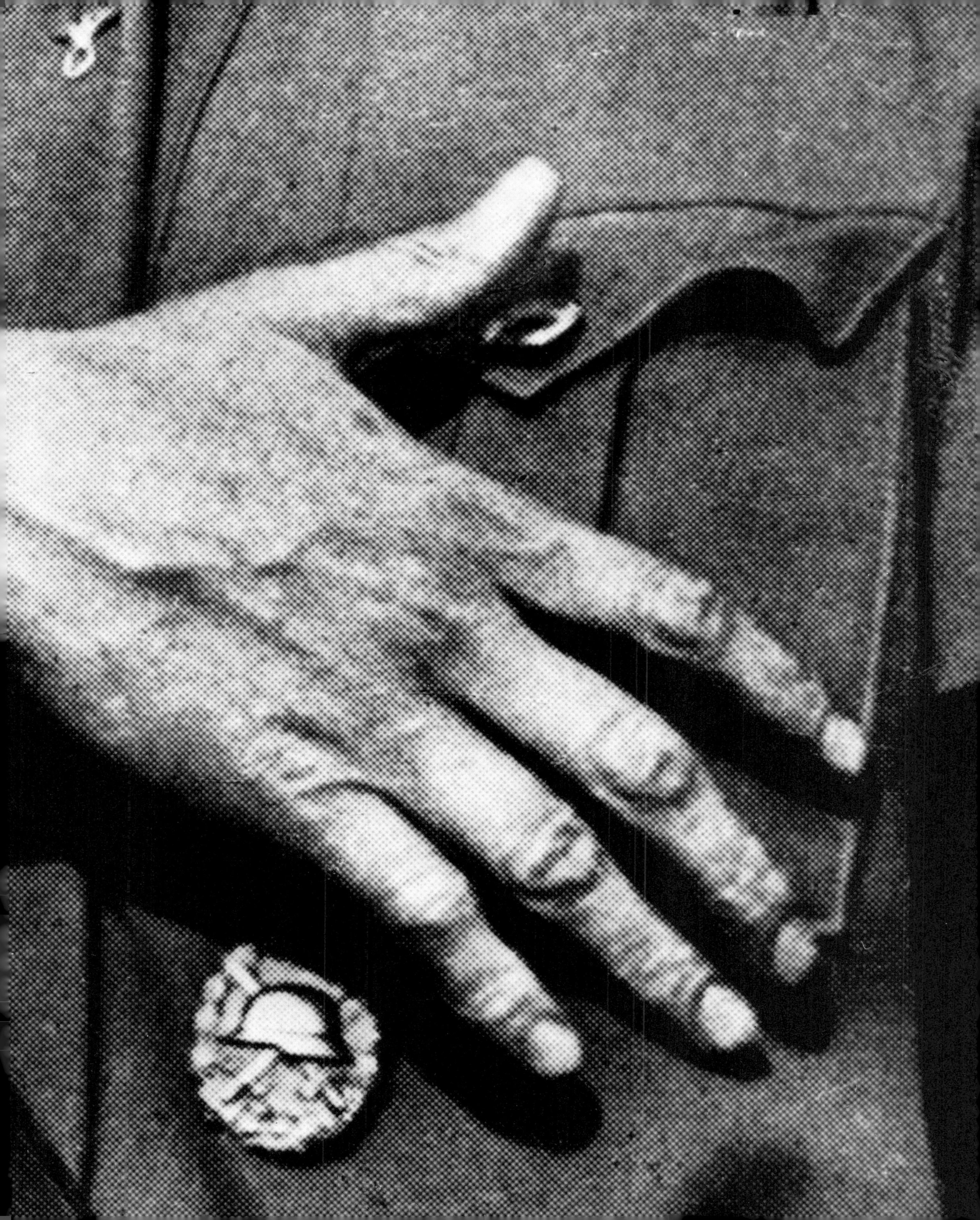

(Vorhergehende Doppelseite:)
Hitlers Hand.
Ausschnitt einer Rednerpose.

Hitler mit dem Vorsitzenden des Parteigerichts, General Heinemann (links) und Rudolf Heß bei der Beisetzung eines von politischen Gegnern ermordeten SA-Mannes.

Hitler spricht 1925 vor dem Parteivorstand. V. l. n. r. (mit übereinandergeschlagenen Händen) Rosenberg, Hauptschriftleiter der Parteizeitung, Parteirichter Buch, Schatzmeister Schwarz, Hitler, Gregor Strasser, Hitlers stärkster Widersacher in der Partei, Himmler, stellvertretender Propagandaleiter und ein Jahr später Kommandeur der Leibwache (Schutzstaffel – SS), später Chef der Konzentrationslager.

N·S·D·A·P
Deutschland erwache!

Rast während einer Reise durch Deutschland. Neben Hitler Magda Goebbels, die Frau des späteren Propagandaministers.

Hitler und sein Gefolge. V. l. n. r.: Goebbels, Frau Goebbels, Hitlers Adjutant Schaub, Hitler, Frau Hoffmann, Hitlers Sekretärin Johanna Wolff.

(Nächste Seite:) Ferien auf dem Tegernsee: Hitler steuert das Motorboot des Parteiverlegers Müller.

Friedrich Ebert, der erste Präsident der deutschen Republik, stirbt am 28. Februar 1925. Paul von Hindenburg, der kaiserliche Feldherr und Sieger über die Russen in der Schlacht von Tannenberg, wird zu seinem Nachfolger gewählt. Hitler verspricht sich von dem Monarchisten Hindenburg eine Bevorzugung der Rechtsparteien. Aber der Generalfeldmarschall achtet die Weimarer Verfassung und gewinnt so das Vertrauen der anfänglich mißtrauischen demokratischen Parteien. Nachdem die Währung stabilisiert worden war, hatte sich die Wirtschaft belebt und der Lebensstandard gesteigert. Die junge Republik begann sich endlich zu festigen. Das deutsche Volk wandte sich mehr und mehr von den Radikalen ab. Eine schlechte Ausgangsposition für Hitler, der an die Macht will. In den wenigen Ländern, die nach der Parteigründung der NSDAP kein Redeverbot gegen ihn erlassen haben, zieht er von Dorf zu Dorf. Er beschwört seine Anhänger: »Alle Parteien und die öffentliche Meinung ist gegen uns. Aber gerade darin liegt der unbedingte, ich möchte sagen, der mathematisch berechenbare Grund für den zukünftigen Sieg unserer Bewegung ... Solange wir eine radikale Bewegung sind, solange die öffentliche Meinung uns ächtet, solange die momentanen Umstände im Staat gegen uns sind – so lange werden wir fortfahren, das wertvollste Menschenmaterial um uns zu versammeln, sogar in Zeiten, in denen, wie man sagt, alle Gründe der menschlichen Vernunft gegen uns sprechen.«

Hitler schürt das Mißtrauen gegen den neuen Staat. Er redet auf seine Zuhörer ein: Der Erste Weltkrieg sei die Folge einer Verschwörung gegen Deutschland. Er sei verloren worden, weil Marxisten und Juden Deutschlands Niederlage wollten. Der Friedensvertrag von Versailles sei ein Schandfrieden. Er werde alle Deutschen für immer zu Knechten machen. Die Führer der Weimarer Republik seien die Handlanger von Deutschlands Feinden.

Ein Hilfsoffizier des Militärattachés der Vereinigten Staaten in Deutschland, Captain Smith, hörte Hitler bereits 1922 in München. Er berichtete seiner Regierung: »Hitlers Fähigkeit, eine Volksversammlung zu beeinflussen, ist unheimlich.«

Vorerst aber bleiben Hitler und seine Partei eine Randerscheinung der deutschen Politik. Im Reichstag ist die NSDAP mit 14 von 493 Abgeordneten eine unbedeutende Minderheit. Hitler sucht daher nach einem Anlaß, der alle Deutschen auf ihn und seine Partei aufmerksam macht. Der Volksentscheid über die Fürsten-Entschädigung scheint ihm dazu geeignet. Er tritt für die Rückgabe der 1918 beschlagnahmten Vermögen an die deutschen Fürsten ein und beschwört damit ungewollt eine Krise in der eigenen Partei herauf. Die norddeutschen Mitglieder unter Führung der Brüder Gregor und Otto Strasser sind für die Verstaatlichung. Sie werfen Hitler vor, er verrate den Sozialismus und werde dafür von den Fürsten bezahlt. Parteigenosse Goebbels, der spätere Propagandaminister Hitlers, fordert: »Unter diesen Umständen beantrage ich, daß der kleine Bourgeois Adolf Hitler aus der Partei ausgeschlossen wird.« Bernhard Rust, später Kultusminister: »Nationalsozialisten sind freie Männer und Demokraten. Sie erkennen keinen Papst an, der sich für unfehlbar halten könnte.«

Die norddeutschen Nationalsozialisten beschließen daraufhin ein eigenes Parteiprogramm und wollen sich von Hitler und der Münchner Bewegung lösen. Hitler befiehlt sie zu einer Führertagung der Ge-

samtpartei nach Bamberg. Das Resultat: Die NSDAP stimmt beim Volksbegehren im März 1926 gegen die Enteignung der Fürsten. Das Programm der Norddeutschen wird verworfen, und Goebbels erklärt, alles sei ein Irrtum gewesen. Es gäbe nur die Möglichkeit, Hitler zu folgen.
Bei den Reichstagswahlen vom 20. Mai 1928 verlieren die Nationalsozialisten zwei ihrer Mandate und sind nur noch durch zwölf Abgeordnete vertreten. Hitler befürchtet, seine Partei werde auseinanderfallen. Trotzdem gibt er sich wenig später in Weimar siegesbewußt und greift die Regierung an: »Ihr sagt: Wir bleiben um jeden Preis. Ich sage: Wir schlagen euch auf alle Fälle!« Außer seinen wenigen Genossen nimmt niemand den Mann aus Braunau ernst. Für die Regierung ist er, wie für die meisten Deutschen, nichts weiter als der Außenseiter aus Bayern.

(Nächste Doppelseite:)
Hitler, 1929, auf dem Nürnberger Parteitag.

Hitler, Göring (Mitte)
und Röhm

(Nächste Doppelseite:)
Hitler und seine Partei-
freunde, der spätere
Reichsinnenminister
Dr. Frick und Reichs-
propagandaminister
Dr. Goebbels.

Hitler und der thüringische Gauleiter Saucke
einer Wahlkundgebung von Hermann Görin

em 30. August 1932 Präsident des deutschen
stages ist, in Weimar.

Trauzeuge Hitler 1935
bei der Hochzeit Görings
mit der Schauspielerin
Emmy Sonnemann.

Reichspräsident von Hindenburg und Reichskanzler Adolf Hitler. Ein jetzt übliches nationalsozialistisches Propagandaklischee: »Der Feldmarschall und der Gefreite des Ersten Weltkrieges, die Baumeister des neuen, starken, des friedvollen Deutschland.«

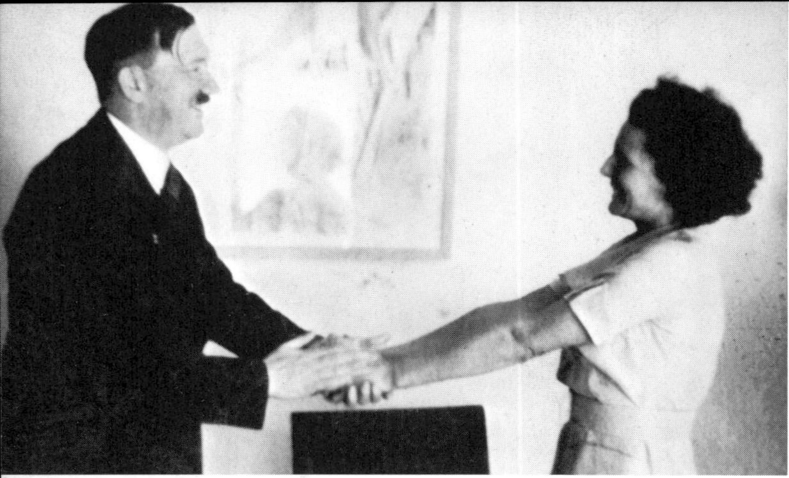

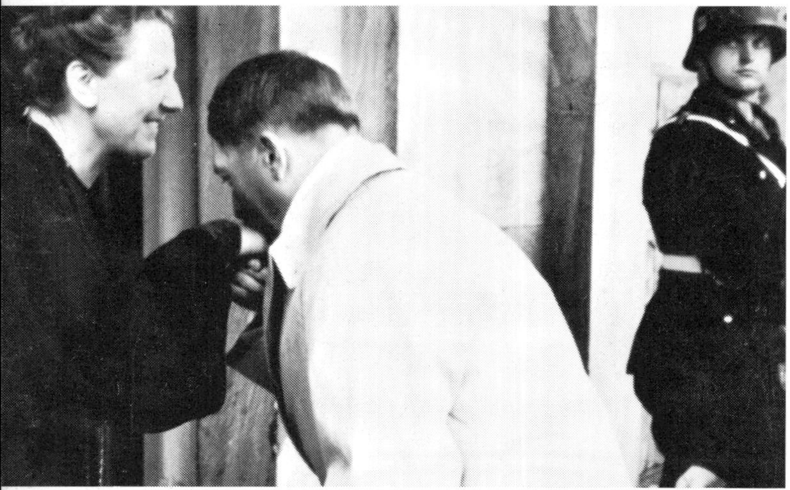

Hitler mit der Schauspielerin und Regisseurin Leni Riefenstahl,

mit Winifred Wagner,

mit Boxweltmeister Max Schmeling und seiner Frau,
der Filmschauspielerin Anny Ondra.

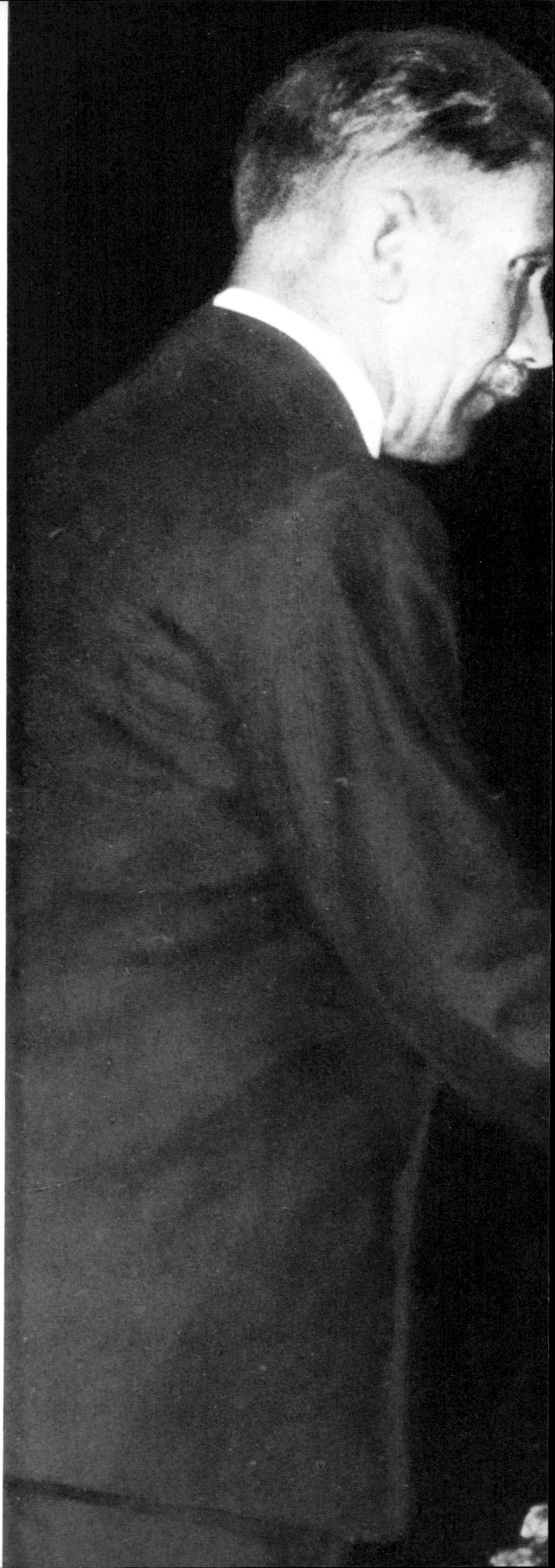

Hitler begrüßt Vizekanzler Franz von Papen.

Der Februar 1929 bringt Hitler endlich die Chance, auf die er seit langem gehofft hat. In Paris wird unter Vorsitz des Amerikaners Owen D. Young über die deutschen Reparationen beraten. Die Konferenz beschließt, Deutschland soll 59 Jahre lang Wiedergutmachungszahlungen leisten: 1,2 Milliarden Goldmark im Jahr. Außenminister Stresemann rät zur Annahme, denn das Ergebnis von Paris bedeutet gegenüber den bisherigen Forderungen der Sieger eine erhebliche Verringerung der Belastung für das Reich. Stresemann hofft bei späteren Verhandlungen auf einen weiteren Abbau und schließlich auf die Einstellung der Zahlungen. Über Nacht ist der Mann, der Deutschland mit Frankreich aussöhnte und die Aufnahme der Republik als gleichberechtigtes Mitglied in den Völkerbund durchsetzte, ein Volksverräter für alle Rechten. Hitler putscht die Massen auf: Bis 1988 werdet ihr Sklaven sein.
Zur Volksbefragung verbündet er sich mit der Deutschnationalen Volkspartei und ihrem Führer, dem Großindustriellen Hugenberg, in dessen Händen sich ein großer Teil der bürgerlichen Presse befindet. Seine Zeitungen unterstützen von nun an Hitler. So wird er in ganz Deutschland bekannt. Und seine Partei wächst: Im Sommer 1929 zählt die NSDAP 120 000 Mitglieder, Ende des Jahres 178 000; im Frühjahr 1930 bereits 210 000, neun Monate später fast 400 000.
Der New Yorker Börsenkrach und die Weltwirtschaftskrise Ende 1929 bringen erneut Not und Elend für die Deutschen – die Arbeitslosenzahl steigt im Laufe der Jahre von 3 auf 6,1 Millionen – und damit für Hitler eine weitere Chance. Er weiß auch sie zu nutzen. Herbst 1930 – die Regierung hat gerade eine Denkschrift über die Staatsfeindlichkeit der Hitler-Partei veröffentlicht – erobert sie 107 Sitze im Reichstag. Die Außenseiter von 1928 werden nach den Sozialdemokraten zur zweitstärksten Partei Deutschlands.
Wenige Tage später verspricht Hitler als Zeuge vor dem Reichsgericht in Leipzig, seine Partei werde die Macht im Staate nur auf legalem Wege erringen. Auf einer Tagung der Parteispitze hat er jedoch schon die Direktiven für die Zukunft, für den Tag nach der ›Machtergreifung‹, ausgegeben: »Erstens muß unser Volk von dem hoffnungslosen Internationalismus befreit und bewußt und systematisch zum fanatischen Nationalismus erzogen werden... Zweitens werden wir unser Volk, indem wir es dazu erziehen, gegen den Irrsinn der Demokratie zu kämpfen und wieder die Notwendigkeit von Autorität und Führertum einzusehen, von dem Unsinn des Parlamentarismus fortreißen. Drittens werden wir, indem wir das Volk von dem jämmerlichen Glauben an Völkerversöhnung, Weltfrieden, Völkerbund und internationaler Solidarität befreien, diese Idee zerstören. Es gibt nur ein Recht in der Welt, und dieses Recht liegt in der eigenen Stärke.«
Vom Lande Braunschweig, wo seine Partei den Innenminister stellt, wird Hitler am 25. Februar 1932 zum Regierungsrat ernannt. Damit ist der Österreicher deutscher Staatsbürger und das letzte Hindernis für seine politische Karriere beseitigt. Am 31. Juli – 30 Parteien bewerben sich um die Gunst der deutschen Wähler – erringen die Nationalsozialisten bei den Reichstagswahlen 230 Mandate. Jetzt sind sie die stärkste Partei im Lande. Hitler wird der Posten des Vizekanzlers in einer konservativen Regierung angeboten. Er lehnt ab.

Er will nur der erste Mann in der Regierung sein.
In diesem Augenblick flaut die Wirtschaftskrise ab. Die Zahl der Arbeitslosen geht zurück. Die Deutschen beginnen sich von den Radikalen abzuwenden. Bei den Neuwahlen am 6. November verliert die NSDAP 34 Sitze. Hitler ist verzweifelt: »Wenn die Partei einmal zerfällt, dann mache ich mit der Pistole Schluß!«
Als Mitte Januar 1933 im kleinen Land Lippe Wahlen bevorstehen, setzt er noch einmal alles auf eine Karte. Wie in den Anfangsjahren seiner politischen Laufbahn zieht er von Dorf zu Dorf. Mit einem Stimmenzuwachs von 18 % gegenüber der Reichstagswahl vom letzten November gehen die Nationalsozialisten als eindeutige Sieger aus dieser Wahl hervor. Aber auch in Lippe konnten sie keine absolute Mehrheit gewinnen.

(Nächste Doppelseiten:)

Links:
Reichskanzler Hitler und Außenminister von Neurath nach einem Diplomatenempfang.

Rechts:
Hitler und seine Nichte Geli Raubal, die lange Zeit als Hitlers Geliebte galt. Sie erschoß sich 1931 in Hitlers Münchner Wohnung.

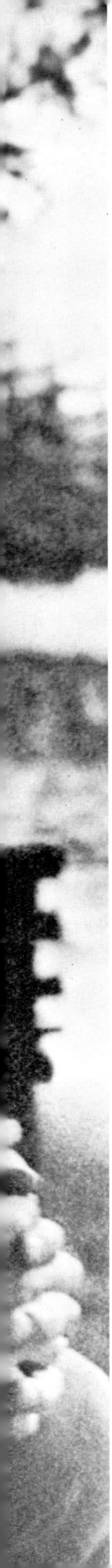

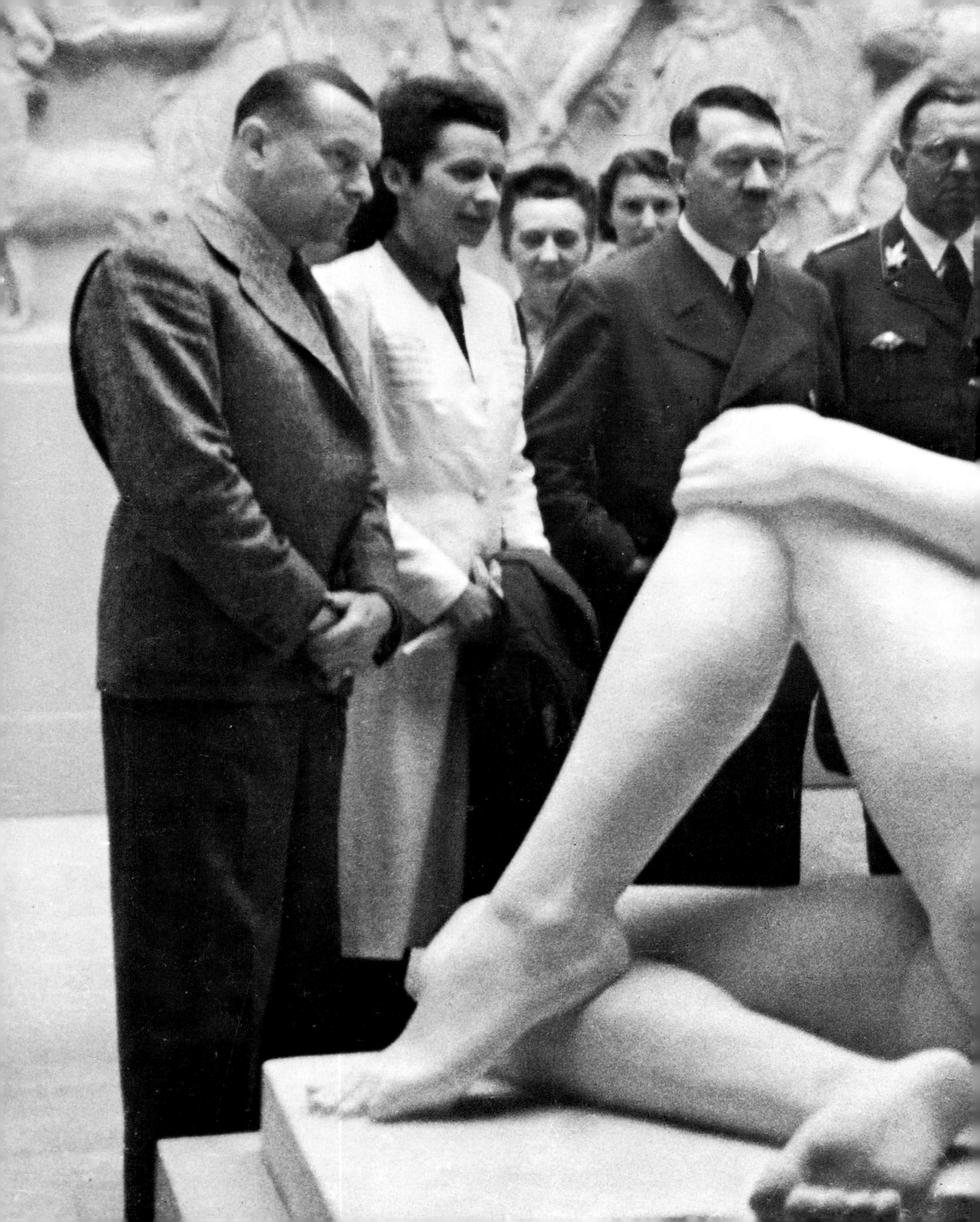

(Vorhergehende Doppelseite:) Hitler und Eva Braun. Die Tochter eines Münchner Gewerbelehrers wird 1931 Hitlers Geliebte. Er heiratet sie erst im April 1945, bevor sie gemeinsam in den Tod gehen.

Hitler besichtigt eine Kunstausstellung.

Hitler und der Stabschef der SA, Hauptmann a. D. Ernst Röhm, beim ›Parteitag des Sieges‹ 1933 in Nürnberg.

(Nächste Doppelseite:)
Hitler, Goebbels und Frau Goebbels im Garten der Reichskanzlei.

Beim Erntedankfest
auf dem Bückeberg,
umjubelt von den
deutschen Bauern,
beschützt von der
SS.

Luftfahrtminister Göring verteilt Hitler-Bilder.

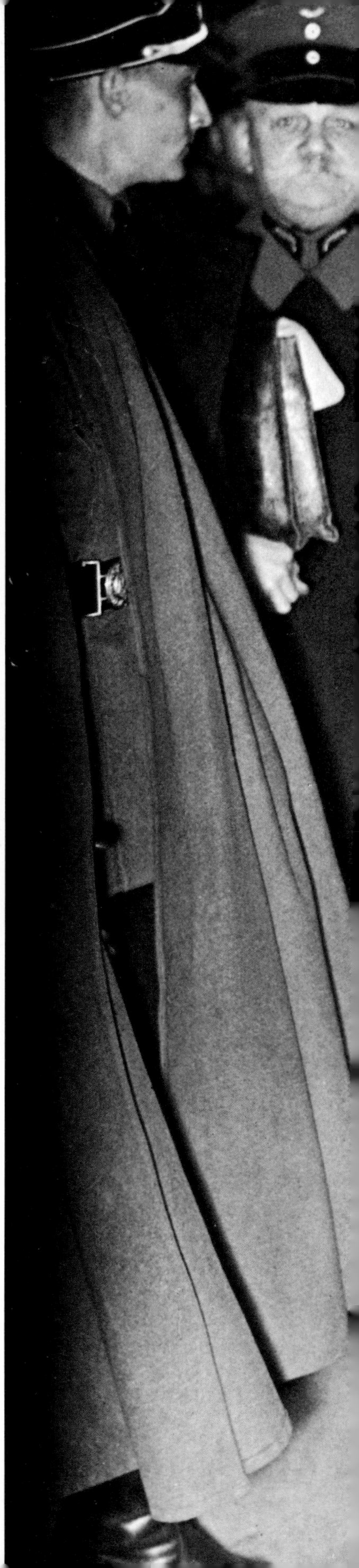

Der Reichskanzler geht auf Reisen. Zum persönlichen Schutz trägt Hitler eine Hundepeitsche.

Nicht öffnen, bevor der
pas ouvrir avant l'arrêt

Mitglieder der weiblichen Jugendorganisation ›Bund deutscher Mädchen‹ (BDM), besuchen Hitler auf dem Obersalzberg.

(Nächste Doppelseite:) Der Berghof auf dem Obersalzberg, Hitlers persönlicher Besitz, war eine Wallfahrtsstätte der Partei. Hier hielt sich Hitler auf, wenn er sich erholen wollte. Links: Beim Studium der internationalen Presse. Rechts: Nur eine Pose für den Fotografen, nicht freigegeben zur Veröffentlichung: Beim Rodeln.

Das Wahlergebnis von Lippe veranlaßt die Deutschnationalen und den Stahlhelm, weiter mit den Nationalsozialisten zusammenzuarbeiten. Franz von Papen setzt beim Reichspräsidenten den Sturz der Regierung des Generals von Schleicher, am 28. Januar 1933, und die Ernennung Hitlers zum Reichskanzler durch. Hindenburg vergißt, daß Hitler noch im September über ihn gesagt hat: »Etwas habe ich meinem größten Gegenspieler voraus. Der Reichspräsident ist 85 Jahre alt, und ich bin 43 und fühle mich kerngesund. Und bis ich 85 bin, ist Herr von Hindenburg längst nicht mehr. Wir kommen an die Reihe.«

Hindenburg überwindet seine Abneigung gegen den »böhmischen Gefreiten«, wie er Hitler verächtlich nennt, und beauftragt ihn am 30. Januar 1933 mit der Bildung eines Kabinetts aus Nationalsozialisten und Konservativen. Gegen den Widerstand seines Kabinettskollegen Hugenberg erreicht Hitler, daß der Präsident den Reichstag auflöst und für den 5. März Neuwahlen ausschreibt. Diese Zeit nutzt er, um seine politischen Gegner in ihrer Handlungsfreiheit zu beschränken. Als am 27. Februar der Reichstag in Brand gesteckt wird, bringt Hitler den Reichspräsidenten dazu, mit den Verordnungen »zum Schutz von Volk und Staat« und »gegen Verrat am deutschen Volk und hochverräterische Umtriebe« die rechtsstaatliche Ordnung außer Kraft zu setzen. Die kommunistischen Abgeordneten und Funktionäre werden daraufhin verhaftet, die kommunistische und sozialdemokratische Presse verboten. Hitler beginnt zu verwirklichen, was er schon lange vorher angekündigt hatte: »Wenn wir einmal die Macht bekommen, dann werden wir sie, so wahr uns Gott helfe, behalten. Wegnehmen lassen wir sie uns dann nicht mehr.«

Aber auch bei der Reichstagswahl erringt die NSDAP nur 43,9 % aller Stimmen. Es fehlt ihr die absolute Mehrheit, und sie ist weiterhin auf die Koalition mit der Kampffront Schwarz-Weiß-Rot, den Deutschnationalen und dem Stahlhelm, angewiesen. Am 23. März bringt Hitler den Entwurf für ein »Gesetz zur Behebung der Not von Volk und Reich«, das sogenannte »Ermächtigungsgesetz«, vor den Reichstag. Mit 441 gegen 94 Stimmen der Sozialdemokraten wird es angenommen, und Hitler erhält damit umfassende Gesetzgebungsvollmacht, zunächst für vier Jahre.

Diese von der Mehrzahl der Reichstagsabgeordneten freiwillig erteilte Machtfülle mißbraucht Hitler sofort. Er beseitigt im Laufe eines Jahres die Sozialdemokratische Partei. Ihre Funktionäre folgen den bereits ausgeschalteten Kommunisten in die Konzentrationslager.

Die bürgerlichen Parteien erkennen zu spät, was es bedeutet, Hitler freie Hand gegeben zu haben. Sie resignieren und lösen sich selbst auf oder werden aufgelöst. Am Ende gibt es nur noch die NSDAP, die Hitler am 1. Dezember 1933 zur Staatspartei erhebt.

Aber in der braunen Armee, der SA, gärt es. 1933 zwei Millionen Mann stark, fordert sie Anerkennung für ihren Einsatz in den Kampfjahren. 1921 von Hitler gegründet, um ihn bei seinen Versammlungen zu schützen, haben die ›Braunhemden‹ entscheidend zum Sieg beigetragen. Sie haben die demokratischen Gegner eingeschüchtert, den Kommunisten Straßenschlachten geliefert und ihren Einsatz mit vielen Toten bezahlt. Ihr Leiter, der Hauptmann a. D. Ernst Röhm, Hitlers Förderer aus den ersten Tagen der Partei, will, daß die SA als Organisation an die Stelle der Reichswehr treten soll. Doch Hitler hat sich bereits für das Militär und gegen die SA entschieden. Er täuscht der Öffentlichkeit und dem Reichspräsidenten von Hindenburg einen Aufstand der SA gegen den Staat vor, verhaftet Röhm und Spitzenfunktionäre der SA am 30. Juni 1934 und läßt sie durch die SS ohne Prozeß hinrichten. Diese Gelegenheit benutzt Hitler außerdem, um einige Gegner des Regimes und Abtrünnige umzubringen. Er rechtfertigt diese Morde mit Gesetz vom 3. Juli 1934 rückwirkend als Staatsnotwehr.

Die SA ist in Zukunft nicht mehr als ein Wehrsportverein der Partei. Als Sieger geht die SS aus der Auseinandersetzung hervor. Ihr Chef, Heinrich Himmler, Leiter der politischen *Polizei* in den Ländern, übernimmt nun auch noch die Verwaltung und den Ausbau aller Konzentrationslager.

Auf dem Obersalzberg.
Hitler mit einer gezähmten
Bergdohle.

Hitler und Berghofbesucherinnen.

(Nächste Doppelseite:)
Baldur von Schirach, der Führer der nationalsozialistischen Jugendorganisation, der Hitlerjugend (HJ), und Hitler bei einer Kundgebung in Nürnberg.

Anthony Eden und der britische Außenminister Sir John Simon besuchen Hitler in der Reichskanzlei in Berlin. Rechts neben dem deutschen Reichskanzler der Dolmetscher Paul Schmidt, Außenminister von Neurath und der englische Botschafter Sir Eric Phipps. Mit dem Rücken zur Kamera von Ribbentrop, ab 1938 Nachfolger Neuraths als Außenminister.

(Nächste Doppelseite:)
Adolf Hitler verläßt 1936 den ›Parteitag der Ehre‹ in Nürnberg.

Hitler und seine engsten Mitarbeiter.
Vordere Reihe von links: Reichsarbeitsminister Franz Seldte, Hitler-Stellvertreter Rudolf Heß, Innenminister Dr. Wilhelm Frick, Martin Bormann und der Stabschef der SA, Viktor Lutze.

47

Hitler in seiner Wohnung in der Berliner Reichskanzlei.

(Vorhergehende Doppelseite:)
Hitler empfängt ausländische Gäste auf dem Obersalzberg:
Links: Englands ehemaliger Premierminister Lloyd George, Im Hintergrund Ribbentrop.
Rechts: Englands ehemaliger König Edward VIII., der Herzog von Windsor, und die Herzogin.

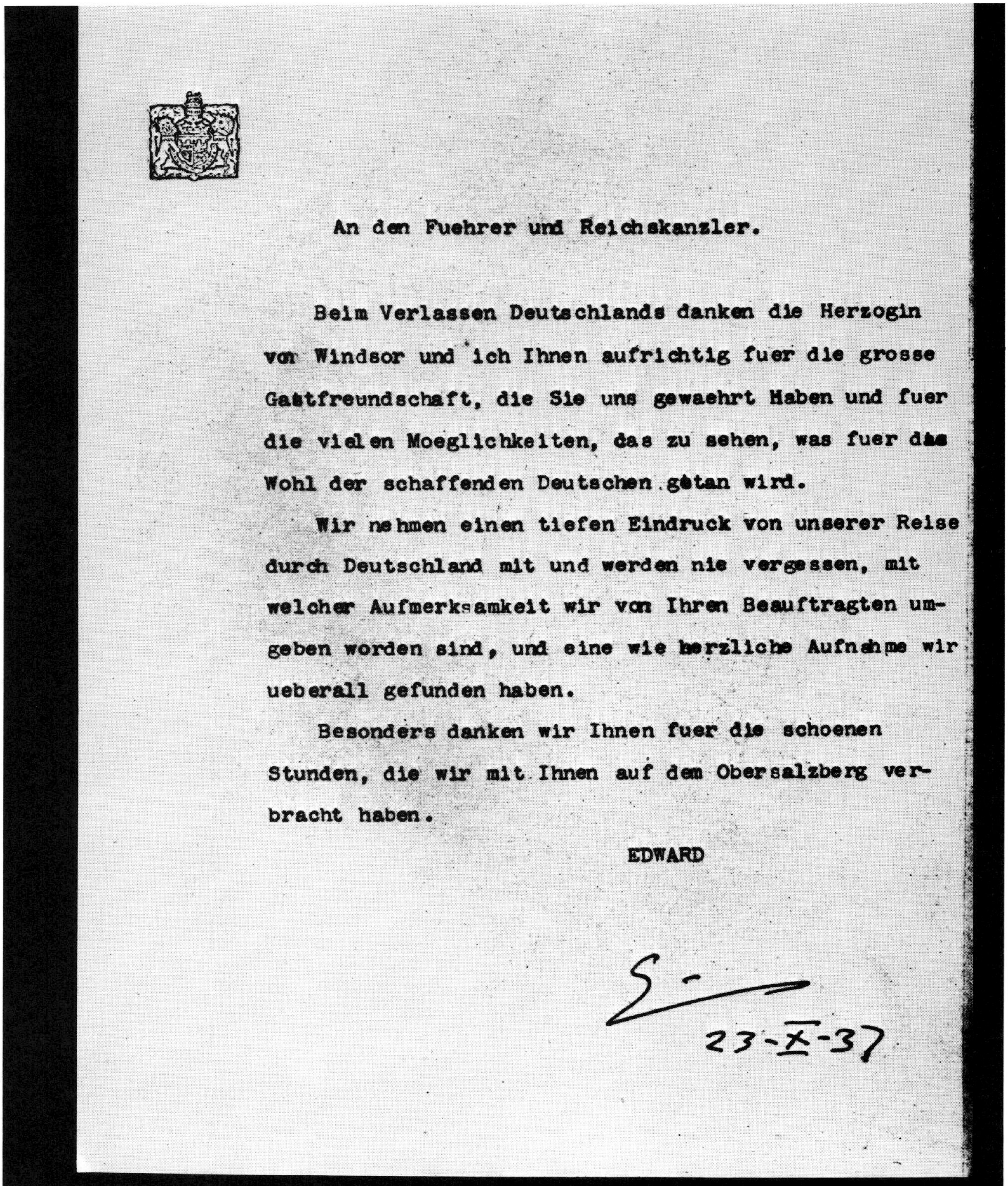

An den Fuehrer und Reichskanzler.

Beim Verlassen Deutschlands danken die Herzogin von Windsor und ich Ihnen aufrichtig fuer die grosse Gastfreundschaft, die Sie uns gewaehrt Haben und fuer die vielen Moeglichkeiten, das zu sehen, was fuer das Wohl der schaffenden Deutschen getan wird.

Wir nehmen einen tiefen Eindruck von unserer Reise durch Deutschland mit und werden nie vergessen, mit welcher Aufmerksamkeit wir von Ihren Beauftragten umgeben worden sind, und eine wie herzliche Aufnahme wir ueberall gefunden haben.

Besonders danken wir Ihnen fuer die schoenen Stunden, die wir mit Ihnen auf dem Obersalzberg verbracht haben.

EDWARD

E —

23-X-37

Edward, Herzog von Windsor, bedankt sich schriftlich für Hitlers Gastfreundschaft.

Reichspräsident von Hindenburg stirbt am 2. August 1934. Einen Tag vor seinem Ableben vereinigt Hitler durch Gesetz das Amt des Reichskanzlers mit dem des Präsidenten. Diese Entscheidung läßt er sich durch eine Volksabstimmung mit 89,9 Prozent Ja-Stimmen bestätigen. Als »Führer und Reichskanzler« ist er zugleich Oberster Befehlshaber der Wehrmacht und verfügt nun über eine Machtfülle wie kein deutscher Staatsmann vor ihm. Ungehindert kann er jetzt das Ziel verfolgen, das er in einer Rede, drei Tage nach seiner Ernennung zum Kanzler, den Befehlshabern der Reichswehr vorgestellt hatte: Nach dem militärischen Wiederaufbau soll ›Lebensraum im Osten‹ erobert werden, den man dann »rücksichtslos germanisieren« wird.
Das politisch ungebildete Volk, das Hitler verächtlich als »Masse« bezeichnet, glaubt, daß mit Hitler Ruhe und Ordnung in Deutschland eingezogen sind. Er sorgt für Arbeit und Brot. Die Wirtschaft wird durch öffentliche Aufträge, vor allem für die Rüstungsindustrie, angekurbelt. Für die Masse ist nur der mit viel Propaganda vorangetriebene Autobahnbau als Quelle des Wohlstands sichtbar. Die Arbeitslosenzahl, die nach dem Rückgang der Weltwirtschaftskrise ohnehin am Absinken war, sinkt weiter durch sein ›Arbeitsbeschaffungsprogramm‹.
Am 7. März 1936 überrascht Hitler die Welt mit der Nachricht: »Im Interesse des primitiven Rechts eines Volkes auf Sicherung seiner Grenzen und zur Wahrung seiner Verteidigungsmöglichkeiten hat die deutsche Reichsregierung mit dem heutigen Tag die volle und uneingeschränkte Souveränität des Reiches wieder hergestellt.« In den Morgenstunden sind seine Truppen in die entmilitarisierte Zone des Rheinlandes einmarschiert. Nachdem Deutschland bereits im Herbst 1933 seinen Austritt aus der Abrüstungskonferenz und dem Völkerbund erklärt hatte, kündigt Hitler nun auch den Locarno-Pakt auf.
Die Weltmächte reagieren auf diesen Vertragsbruch genauso schwach wie auf den am 9. März 1935 verkündeten Wiederaufbau der deutschen Luftwaffe und die am 16. März unter Bruch des Versailler Vertrages eingeführte allgemeine Wehrpflicht.
Am 21. Mai 1935 hielt Hitler im Reichstag in Berlin seine ›Friedensrede der 13 Punkte‹. Er erklärte, daß er sich nichts sehnlicher wünsche als den ewigen Frieden für Deutschland und die Welt. Die Wehrhoheit habe er nur wiederhergestellt, damit Deutschland als gleichberechtigter Partner geachtet werde. Im Kreise seiner Parteifreunde verriet er seine wahren Absichten, als er vor ihnen von der Erziehung der deutschen Jugend sprach: »Meine Pädagogik ist hart. Das Schwache muß weggehämmert werden. In meinen Ordensburgen wird eine Jugend heranwachsen, vor der sich die Welt erschrecken wird. Eine gewalttätige, herrische, unerschrockene Jugend will ich... So kann ich das Neue schaffen... Sie sollen mir in den schwierigsten Proben die Todesfurcht besiegen lernen. Das ist die Stufe der heroischen Jugend.«
Am 11. März 1938 läßt Hitler seine Wehrmacht zum zweiten Male marschieren. Er »schließt« sein Heimatland Österreich an Deutschland »an«. Die Österreicher stimmen am 10. April mit 99,73 Prozent für diesen Anschluß.
Im gleichen Jahr betreibt er die »Lösung der Sudetenfrage«. Er erklärt, es gäbe für Deutschland keine territorialen Probleme mehr, wenn die Tschechoslowakei ihre deutschstämmigen Gebiete an das Reich abtreten würde. Auf der Münchener Konferenz am

29. September 1938 stimmen England, Frankreich und Italien für die Abtretung. Englands Premier, Neville Chamberlain, verkündet bei seiner Rückkehr von der Konferenz in London: Er bringe den »Frieden für unsere Zeit«. Chamberlain kennt nicht Hitlers Buch »Mein Kampf«, in dem dieser bereits 1924 schrieb: »Erst wenn des Reiches Grenze auch den letzten Deutschen umschließt, ohne mehr die Sicherheit seiner Ernährung bieten zu können, ersteht aus der Not des eigenen Volkes das moralische Recht zur Erwerbung fremden Grund und Bodens. Der Pflug ist dann das Schwert, und aus den Tränen des Krieges erwächst für die Nachwelt das tägliche Brot.«
Chamberlain kennt nur Hitlers Worte: »... wir wollen gar keine Tschechen! Das Sudetengebiet ist unsere letzte territoriale Forderung in Europa!«
Ein halbes Jahr später bricht Hitler das Münchner Abkommen. Er zwingt den tschechischen Staatspräsidenten, Dr. Hacha, sich mit der Besetzung seines Landes einverstanden zu erklären. Die Rest-Tschechoslowakei wird »Protektorat Böhmen und Mähren« unter deutscher Verwaltung. Damit wagt Hitler zum ersten Mal das Risiko eines Krieges.

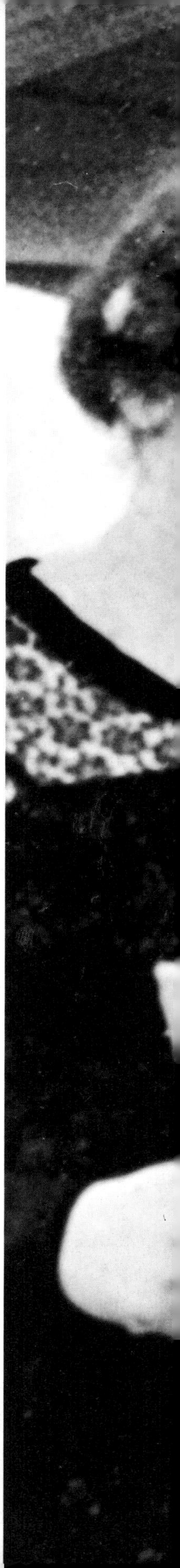

Hitler mit seiner Halbschwester Angela Raubal.

Beim Einmarsch in Österreich trifft Hitler einen seiner ehemaligen Lehrer.

Hitler und Benito Mussolini,
der faschistische Diktator
Italiens.

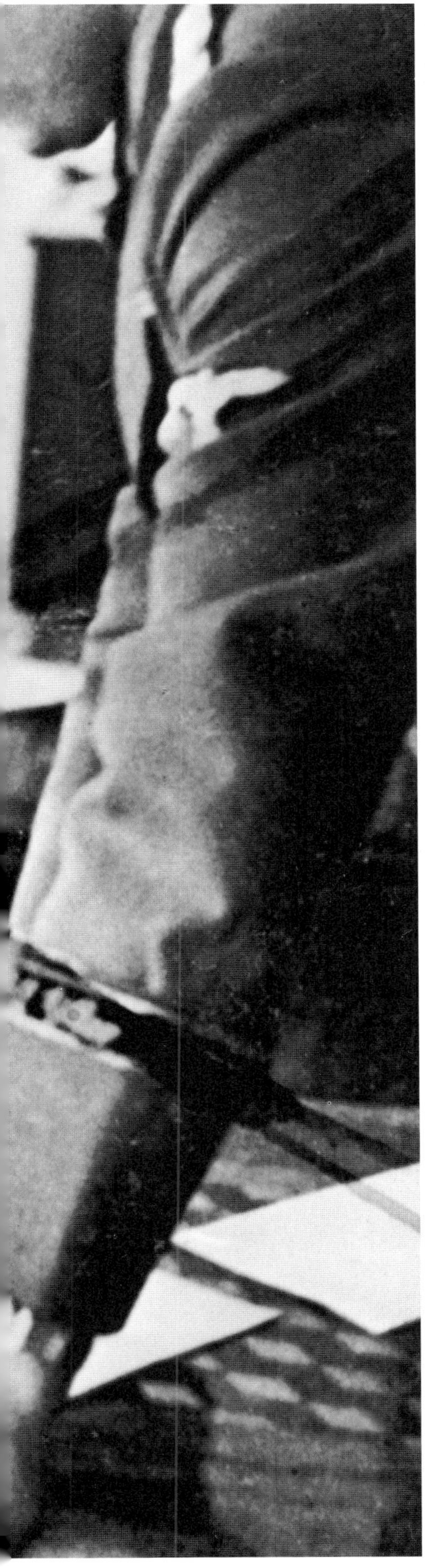

Bei der Unterzeichnung des Erlasses über das ›Protektorat Böhmen und Mähren‹ trägt Hitler eine Brille. Er verbietet die Veröffentlichung des Bildes und vernichtet das Negativ, indem er es durchkreuzt.

Nach der Besetzung der Tschechoslowakei schreitet Hitler die Front einer Ehrenkompanie auf dem Hradschin in Prag ab.

Hitler und der tschechoslowakische Staatspräsident Dr. Hacha.

Außenminister von Ribbentrop berichtet Hitler über die Unterzeichnung des deutsch-sowjetischen Nichtangriffspaktes (23. August 1939).

(Nächste Doppelseiten:)
Hitler mit dem Oberkommandierer den des Heeres von Brauchitsch bei einer Lagebesprechung während des Frankreichfeldzuges.

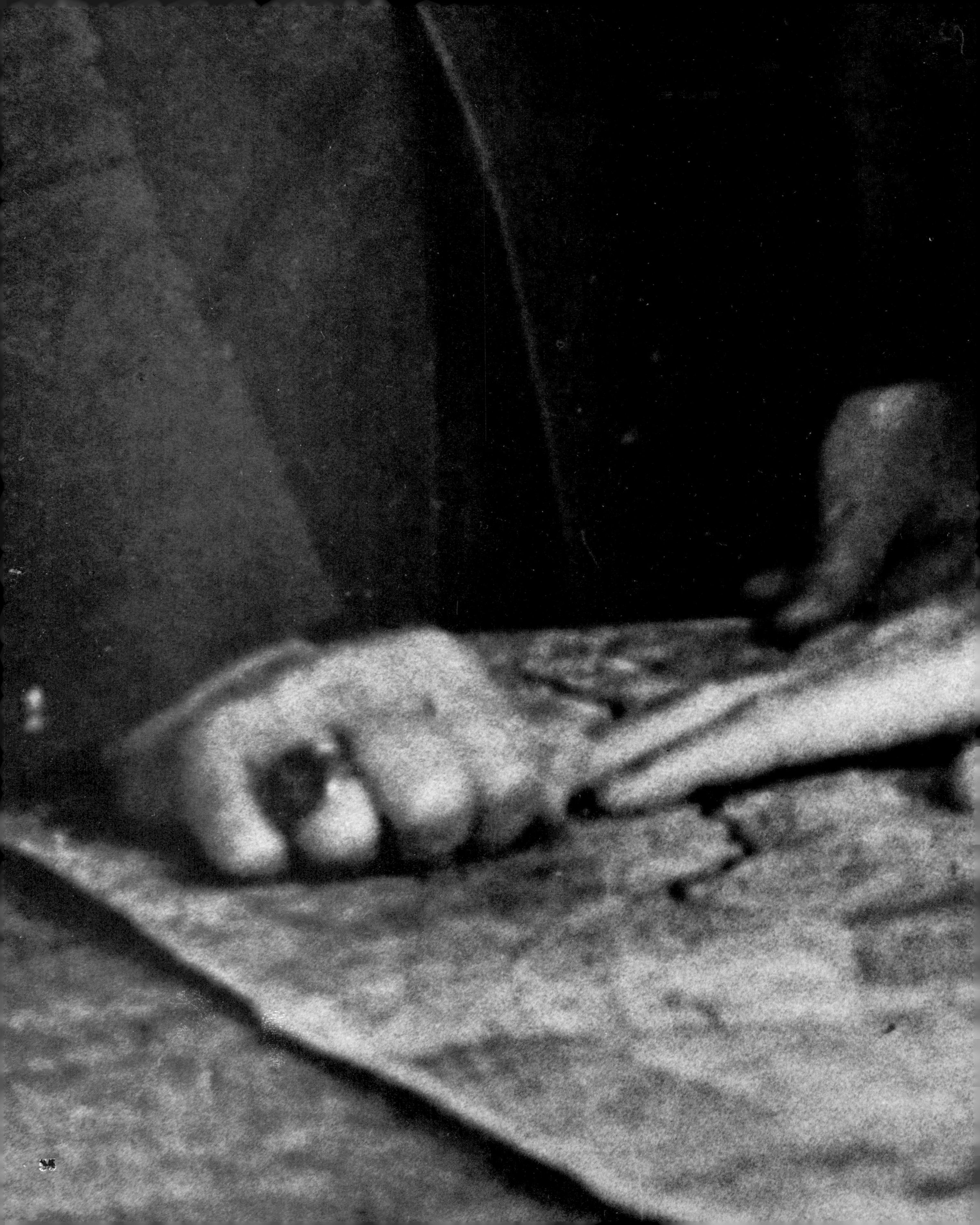

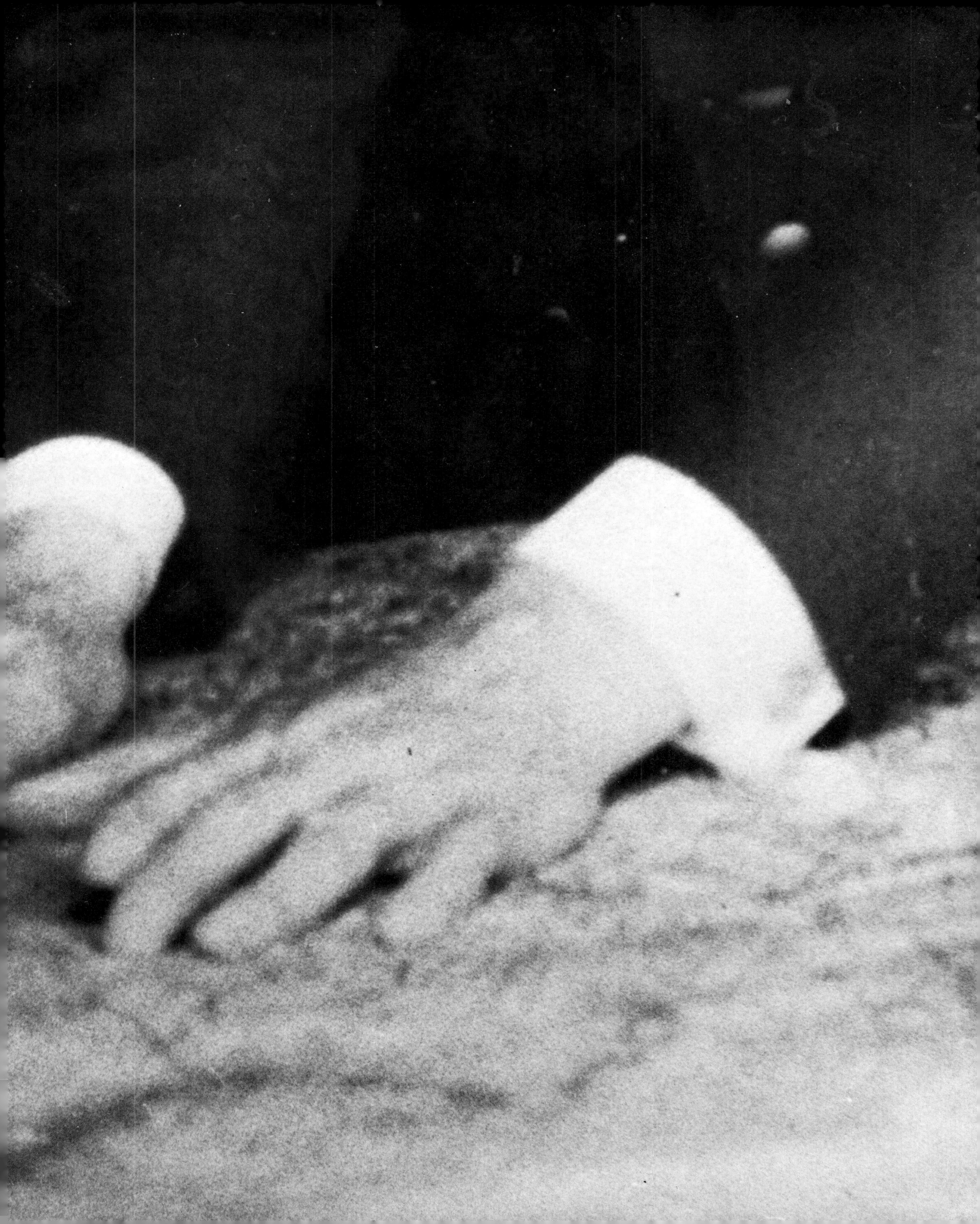

Hitler, ein Vierteljahrhundert vorher:
1914 als Soldat im Ersten Weltkrieg (vordere Reihe links).

1916 nach einer Granatsplitterverletzung im Lazarett in Beelitz (obere Reihe Mitte).

Das nationalsozialistische Deutschland ist seit dem Tag der ›Machtübernahme‹ zu einem braunen Heerlager geworden. Fast alle Deutschen werden von den verschiedenen Parteiorganisationen erfaßt und geschult. Hitler will, daß die Deutschen eine Volksgemeinschaft werden, deren höchstes Ziel es ist, ihm und dem Reich zu dienen und Opfer zu bringen. Die sich abseits stellen, läßt er unnachsichtig verfolgen. Er erklärt sie zu Verrätern, die die ›Größe der Zeit‹ nicht begreifen.

Hitler 1938: »Diese Jugend, die lernt ja nichts anderes als deutsch denken, deutsch handeln, und wenn diese Knaben mit zehn Jahren in unsere Organisation hineinkommen und dort oft zum ersten Male überhaupt eine frische Luft bekommen und fühlen, dann kommen sie vier Jahre später vom Jungvolk in die Hitlerjugend und dort behalten wir sie wieder vier Jahre.
Und dann geben wir sie erst recht nicht zurück in die Hände unserer alten Klassen- und Standeserzeuger, sondern dann nehmen wir sie sofort in die Partei, in die Arbeitsfront, in die SA oder in das NSKK und so weiter. Und wenn sie dort zwei Jahre oder anderthalb Jahre sind, und noch nicht ganze Nationalsozialisten geworden sein sollten, dann kommen sie in den Arbeitsdienst und werden dort wieder sechs Monate geschliffen ... und was dann nach sechs oder sieben Monaten noch an Klassen- und Standesdünkel da oder dort noch vorhanden sein sollte, das übernimmt die Wehrmacht zur weiteren Behandlung auf zwei Jahre.
Und wenn sie nach zwei, drei oder vier Jahren zurückkehren, dann nehmen wir sie, damit sie auf keinen Fall rückfällig werden, sofort wieder in die SA, SS und so weiter, und sie werden nicht mehr frei ihr ganzes Leben. Und wenn mir einer sagt, ja, da werden aber immer noch welche übrigbleiben: Der Nationalsozialismus steht nicht am Ende seiner Tage, sondern erst am Anfang!«

Wie in einem Spinnennetz sind die Bürger Deutschlands in den nationalsozialistischen Organisationen gefangen: Leicht zu überwachen, leicht zu lenken und um so leichter zu mißbrauchen.
Als am 7. November 1938 der junge polnische Jude Herschel Grynszpan in Paris den deutschen Legationsrat Ernst vom Rath in einem sinnlosen Verzweiflungsakt niederschießt, reagieren auf Befehl die Mitglieder der Organisationen in Deutschland. Im ganzen Lande brennen Synagogen, werden jüdische Geschäfte demoliert, 26 000 Juden verhaftet, mißhandelt und in die Konzentrationslager eingeliefert. Mit der ›Kristallnacht‹ erreicht die Verfolgung der Juden ihren ersten Höhepunkt.
Sie begann jedoch schon am 1. April 1933 mit einem Boykott-Tag gegen jüdische Geschäftsinhaber, jüdische Professoren, Lehrer, Studenten, Schüler, jüdische Rechtsanwälte und Ärzte. Hitler setzt seine 1924 in ›Mein Kampf‹ geäußerte Überzeugung in die Tat um: »So glaube ich heute im Sinne des allmächtigen Schöpfers zu handeln: Indem ich mich des Juden erwehre, kämpfe ich für das Werk des Herrn.« Am 15. September 1935 legte er den auf dem Nürnberger Reichsparteitag versammelten inzwischen ausnahmslos nationalsozialistischen Reichstagsabgeordneten das ›Reichsbürgergesetz‹ und das ›Gesetz zum Schutz des deutschen Blutes und der deutschen Ehre‹ vor. Sie nahmen es ohne Widerspruch an und stießen damit etwa 500 000 jüdische

Mitbürger aus ihrer Gemeinschaft aus.
Doch erst der Erfolg der »Kristallnacht« 1938 ermutigt Hitler zur »Endlösung«, und der Krieg gibt ihm die Möglichkeit dazu. Bis 1945 erreicht die Zahl der hauptsächlich in den Vernichtungslagern Auschwitz, Treblinka und Majdanek umgebrachten europäischen Juden sechs Millionen.

1940: Der Sieger über Frankreich besucht seine Soldaten.

Hitler und
Reichsmarschall
Hermann Göring.

Bei der Besichtigung schwerer Waffen. Hitler im Gespräch mit Rüstungsminister Albert Speer (links). Links neben Hitler Speer-Mitarbeiter Saur.

(Nächste Doppelseite:) Mussolini und Hitler auf der Fahrt ins Hauptquartier.

klung!
Vorhänge
ni Beleuchtung
iessen halten!

Hitler bei einem Frontbesuch.

(Nächste Doppelseite:) Hitler besichtigt das Modell eines Superpanzers, der nie in Produktion ging.

Arbeiter der Rüstungsindustrie huldigen Hitler in der Reichskanzlei.

Am 10. November 1938 weist Hitler die Redakteure der deutschen Presse an, das Volk auf den Krieg vorzubereiten. »Die Umstände haben mich gezwungen, jahrzehntelang fast nur vom Frieden zu reden. Nur unter der fortgesetzten Betonung des deutschen Friedenswillens und der Friedensabsichten war es mir möglich, dem deutschen Volk Stück für Stück die Freiheit zu erringen und ihm die Rüstung zu geben, die immer wieder für den nächsten Schritt als Voraussetzung notwendig war. Es ist selbstverständlich, daß eine solche jahrzehntelang betriebene Friedenspropaganda auch ihre bedenklichen Seiten hat; denn es kann nur zu leicht dahin führen, daß sich in den Gehirnen vieler Menschen die Auffassung festsetzt, daß das heutige Regime an sich identisch sei mit dem Entschluß und dem Willen, den Frieden unter allen Umständen zu wahren. Das würde aber nicht nur zu einer falschen Beurteilung der Zielsetzung dieses Systems führen, sondern es würde vor allem auch dahin führen, daß die deutsche Nation statt den Ereignissen gegenüber gewappnet zu sein, mit einem Geist erfüllt wird, der auf die Dauer als Defaitismus gerade die Erfolge des deutschen Regimes nehmen würde ...«
Hitler will, daß das deutsche Volk bereit ist, »geradezustehen, auch wenn es zu blitzen und zu donnern beginnt«.

Die ersten Gewitterwolken ziehen auf, als er die Rest-Tschechoslowakei dem Reich angliedert. Dieser Völkerrechtsbruch verstimmt die Vertragspartner von München, veranlaßt sie jedoch nicht zu militärischem Eingreifen. Der englische Premierminister Chamberlain, der geglaubt hatte, in München den ›Frieden für unsere Zeit‹ gerettet zu haben, rückt von seiner bisherigen Politik ab. Zusammen mit Frankreich gibt England dem zunächst von Hitler bedroht erscheinenden Polen eine Garantieerklärung. Sie schreckt Hitler nicht ab. Unter Beteuerung seiner Friedensbereitschaft spricht er von einem für Deutschland unzumutbaren Zustand seiner Ostgrenze und verlangt die Rückgliederung Danzigs an das Reich und eine exterritoriale Auto- und Eisenbahn durch den polnischen Korridor nach Ostpreußen. Doch Polen ist nicht bereit, auf seine Forderungen einzugehen.
Als Hitler am 23. August 1939 mit Stalin, seinem großen weltanschaulichen Gegner, einen Freundschaftspakt schließt, glaubt er, die westlichen Garantiepartner ausmanövriert und Polen isoliert zu haben.
Am 1. September 1939, morgens um 4.45 Uhr, fallen die deutschen Truppen in Polen ein. England und Frankreich halten ihre Garantieversprechen und erklären zwei Tage später Deutschland den Krieg. Der Zweite Weltkrieg hat begonnen.
Polen wird von den Deutschen überrannt. Stalin und Hitler teilen sich die Beute. Vor den Oberbefehlshabern der Wehrmacht erklärt Hitler: »Keiner hat das geschafft, was ich geschaffen habe. Mein Leben spielt keine Rolle dabei. Ich habe das deutsche Volk zu großer Höhe geführt, wenn man uns auch jetzt in der Welt haßt. Dieses Werk setzte ich aufs Spiel. Ich habe zu wählen zwischen Sieg oder Vernichtung, ich wähle den Sieg.«
Nach Beendigung des Polenfeldzuges läßt Hitler im Westen gegen Frankreich aufmarschieren. Den bereits für November 1939 geplanten Angriff verschiebt er wegen der ungünstigen Wetterlage bis in das Frühjahr 1940.

In der Sorge, daß England und Frankreich Norwegen besetzen könnten, um Deutschland von der schwedischen Erzzufuhr abzuschneiden und die Seeherrschaft über Nord- und Ostsee zu erringen, kommt Hitler im Frühjahr 1940 den Alliierten mit der Besetzung Dänemarks und Norwegens zuvor. Am 10. Mai greift er, noch vor Abschluß der Norwegen-Aktion, im Westen an. Ohne Rücksicht auf die Neutralität Hollands, Belgiens, Luxemburgs besetzt er diese Länder, um von dort aus in Frankreich einzumarschieren. Nach sechs Wochen, am 22. Juni, kapitulieren die Franzosen. Im Walde von Compiègne wird der Waffenstillstand geschlossen. Die nationalsozialistische Presse feiert Hitler als »den größten Feldherrn aller Zeiten«.

Links:
Hitler als Beobachter bei der Vorführung neuer Waffen. Neben
Hitler der Großindustrielle Hermann Röchling und General Jod .

Oben:
Hitler plant für den Frieden Bauten, die nie errichtet werden.
Unten: Hitler und Göring.

Hitler und Bormann besichtigen Modelle von Notbauten für Bombenopfer.

Hitler betrachtet Fotos, die ihm eine Panzerbesatzung vom Fronteinsatz mitgebracht hat.

(Nächste Doppelseite:)
Hitler posiert für die Kamera seines Leibfotografen Heinrich Hoffmann.

67

Morgenspaziergang im Hauptquartier Rastenburg. Schäferhund Blondi wird von Hitler dressiert.

Hitler und Eva Braun:
Nach der Machtübernahme.

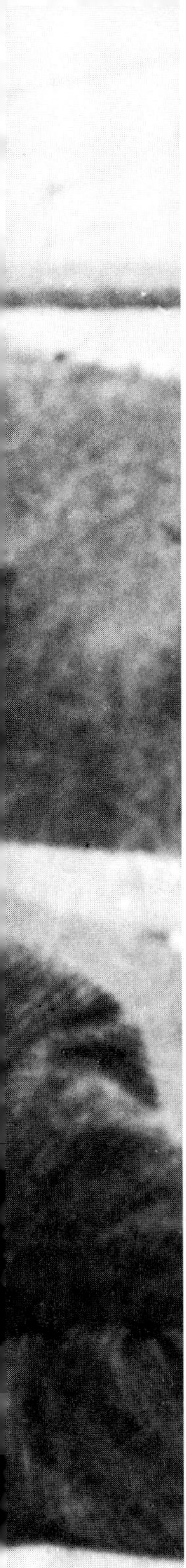

hrend des Krieges.

Im Frühjahr 1944
werden Hitler neue
Uniformen für das
Heer vorgeführt. In
der Mitte des Bildes
neben Hitler General-
feldmarschall Keitel.

Zwölf Tage vor Ende des Frankreichfeldzuges, am 10. Juni 1940, wird Benito Mussolini Hitlers Waffengefährte. Der faschistische Diktator Italiens, erfolgreicher Vermittler in der Sudetenfrage, hatte Hitler vor Ausbruch des Zweiten Weltkrieges wiederum seine Hilfe angeboten. Er hatte geglaubt, auch den Polen-Konflikt durch Verhandlungen beilegen zu können. Doch Hitler war daran nicht interessiert gewesen und hatte ihn abgewiesen. Mussolini hatte daraufhin Italien als ›nicht-kriegführend‹ erklärt. Inzwischen hatte er aber eingesehen, daß sein Land durch Hitlers militärische Erfolge in eine Außenseiterrolle gedrängt wurde.
Im August 1940 beginnt Mussolini von Abessinien aus seinen eigenen Krieg gegen die benachbarten englischen Kolonien. Statt Hitler mit der Bindung britischer Streitkräfte zu entlasten, gerät er in Schwierigkeiten und muß den Deutschen um Hilfe bitten. Am 31. März 1941 greift das deutsche Afrikakorps unter General Rommel in die Kämpfe an der libyschen Küste ein und wirft die Engländer nach wechselvollen Kämpfen bis El-Alamein, 100 km südwestlich von Alexandria, zurück. Damit sind die deutschen Kräfte an dieser Front erschöpft.
Nach dem Sieg über Frankreich gibt Hitler sehr bald die zunächst geplante Invasion Englands auf, da er immer noch hofft, sich mit dem ›germanischen Brudervolk‹ arrangieren zu können, und entschließt sich zum Angriff auf die Sowjetunion. Im Frühjahr 1941, am 6. April, eilt er Mussolini zu Hilfe, der am 28. Oktober 1940 unerwartet Griechenland angegriffen hatte und dessen Armeen nun vor der Niederlage stehen. Da sich in Jugoslawien nach einem Militärputsch eine antideutsche Regierung gebildet hat, löst er zwei Probleme auf einen Schlag: Jugoslawien und Griechenland werden in einem Blitzfeldzug besiegt.
Nach diesem Aufschub beginnt Hitler am 22. Juni 1941 die Offensive gegen die Sowjetunion. Doch hier bleibt der Blitzsieg aus. Die Tiefe des russischen Raumes verschleißt die Kräfte der deutschen Armeen. Im Winter kurz vor Moskau zwingen sie mangelhafte Ausrüstung und Nachschubschwierigkeiten zum Rückzug.
Trotz schwerster Verluste befiehlt Hitler 1942 dem deutschen Ostheer eine neue Offensive im Süden der Front. Kaukasus und Wolga werden im August erreicht. Am 19. November beginnt jedoch bei Stalingrad der sowjetische Gegenangriff. Die deutsche 6. Armee wird eingeschlossen. Ihr Oberbefehlshaber, Generalfeldmarschall Paulus, kapituliert am 31. Januar 1943. Von 284 000 Soldaten ziehen 34 000 in Gefangenschaft.
In Afrika kapitulieren am 13. Mai 1943 das deutsche Expeditionskorps und die italienischen Verbündeten. 252 000 Deutsche und Italiener gehen in Gefangenschaft.
Am 10. Juli 1943 greifen die Amerikaner, denen Hitler am 11. Dezember 1941 den Krieg erklärt hatte, zum ersten Mal in die Kämpfe um Europa ein. Zusammen mit den Engländern landen sie auf Sizilien und beginnen von dort aus Italien zu erobern. Die deutsche Wehrmacht ist an allen Fronten auf dem Rückzug. Trotzdem zeigt sich Hitler immer noch zuversichtlich: »Ich bin fest überzeugt, daß dieser Kampf um kein Haar anders ausgehen wird, als der Kampf, den ich einst im Innern ausfocht.«
Am 6. Juni 1944 landen alliierte Truppen auch in Frankreich. Bei einer Lagebesprechung in Metz drängen die Generale Hitler, den aussichtslosen

Kampf gegen die gewaltige Übermacht der Feinde einzustellen. Seine Antwort erinnert an die, die er wenige Tage vor der Übernahme des Kanzleramtes, am 22. Januar 1933, gab: »Auch ich kann irren und Fehler machen, aber entscheidend ist, wer die wenigsten Fehler am Ende zu verzeichnen hat. Ich habe dieses Werk gewählt, weil ich niemals in meinem Leben etwas anderes wählen könnte, etwas anderes wählen werde, sondern weil es für mich selbstverständlich ist, daß das mein Lebenswerk ist, mit dem ich entweder steige oder falle.«
Am 20. Juli 1944 führt Oberst Claus Graf Schenk von Stauffenberg ein Attentat auf Hitler aus. Stauffenberg und eine Gruppe verantwortungsbewußter Patrioten wollen Volk und Staat vor dem Untergang bewahren. Der Anschlag mißlingt. Hitler bleibt unversehrt. Stauffenberg wird erschossen, viele seiner Mitverschwörer werden gehenkt.

(Nächste Doppelseite:)
20. Juli 1944. Nach dem Attentat im Hauptquartier spricht Großadmiral Dönitz zum deutschen Volk.
Von vorn: Reichspressechef Dr. Dietrich, Bormann, Hitler, mit Kopfverband Jodl, an der Wand Adjutant Schaub.

Links: Hitler un
sein Stab nach
dem Attentat.
Hinter Hitler, de
nur an der Han
verletzt ist, Ma
Bormann. Mit
Kopfverband G
neraloberst Jo

Rechts: Hitler
ter dem Eindru
des Attentats.

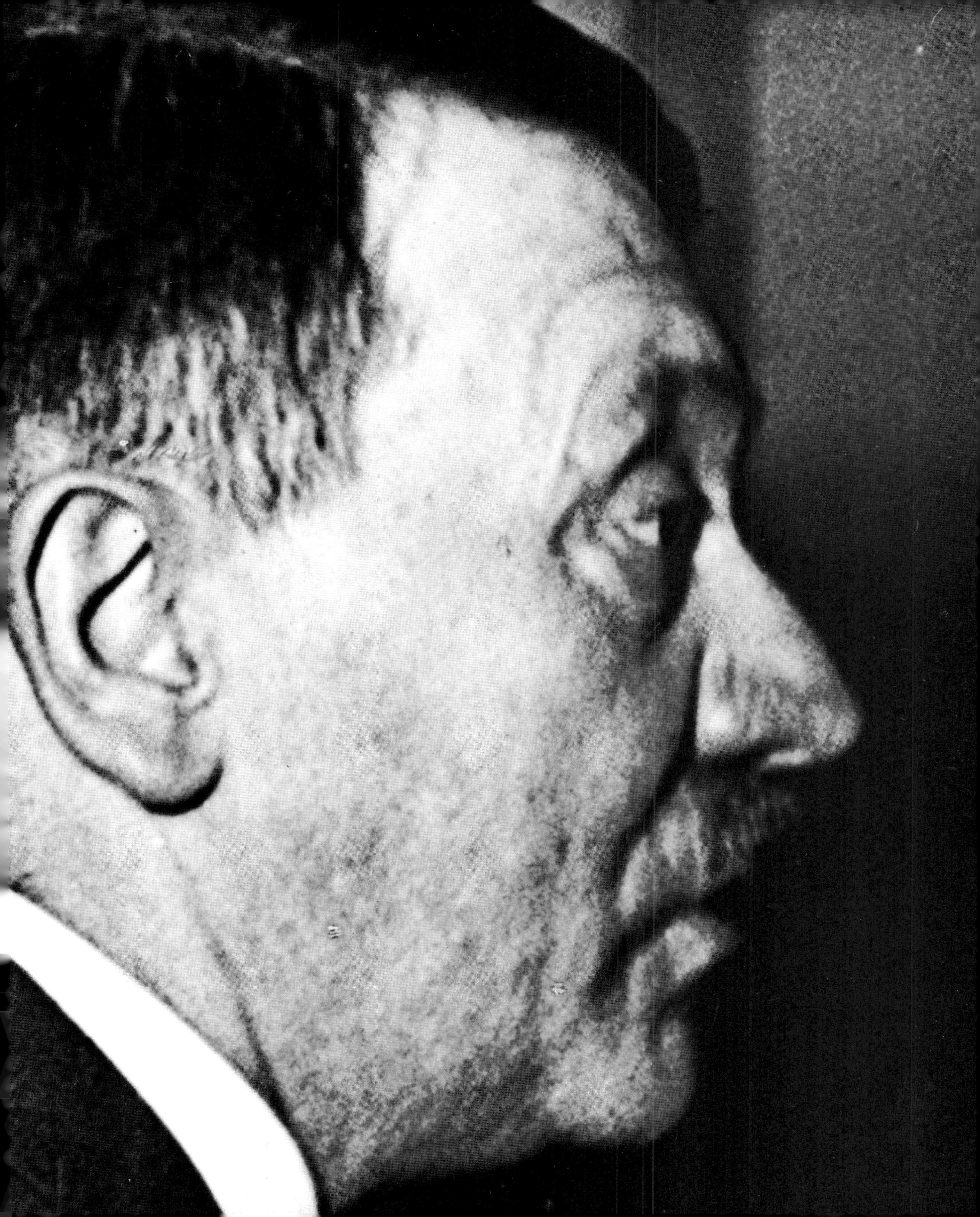

Hitler besucht den beim Attentat verwundeten General Scherff und zeigt ihm (nächste Doppelseite) seine eigene Verletzung.

Scharf

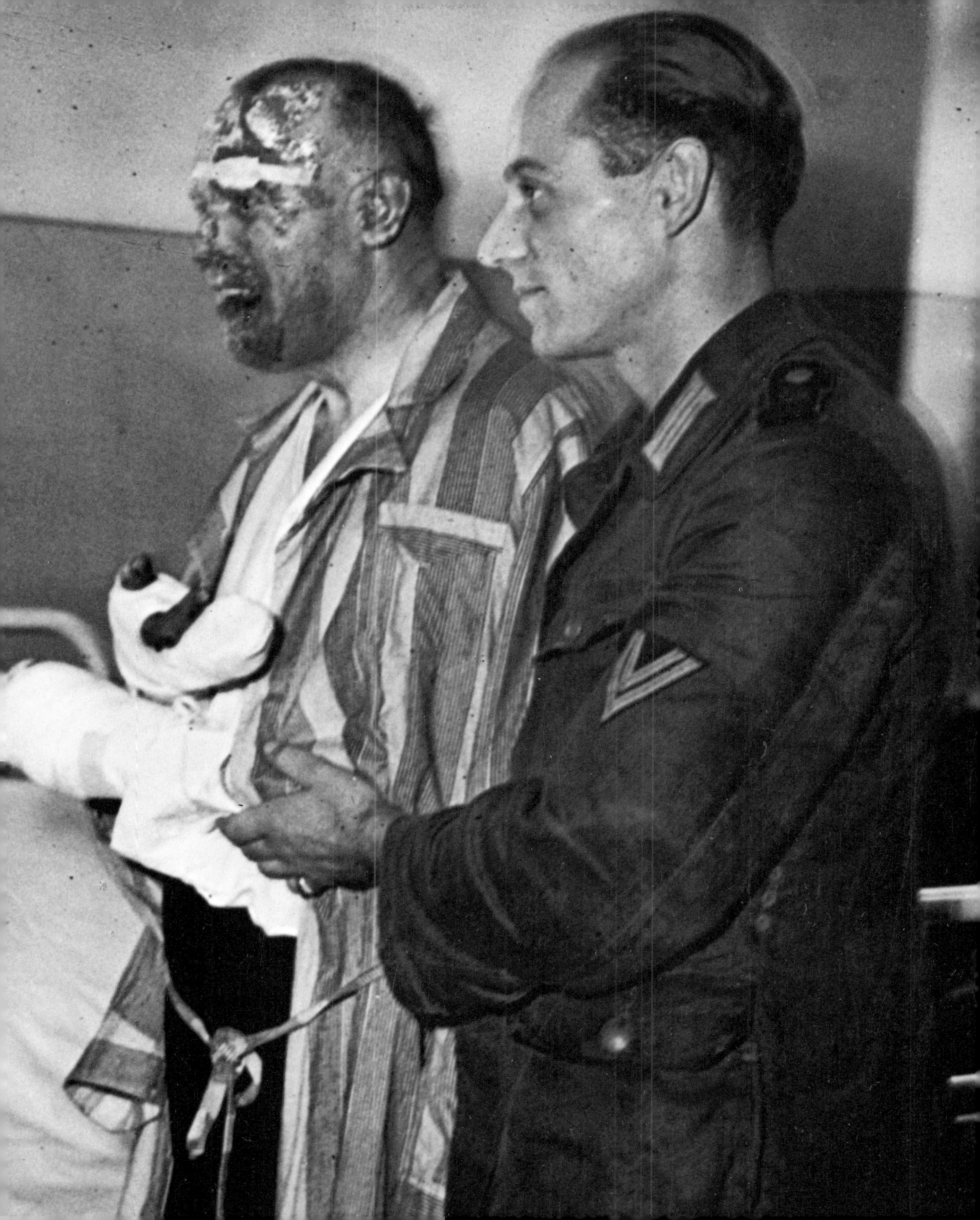

Links: Heinrich Himmler und der Chef des Generalstabs Kurt Zeitzler besichtigen die von Hitler angeordneten Zerstörungen russischer Eisenbahnanlagen.

Rechts: Hitler erhält Nachrichten von der Front; links Wehrmachtsadjutant Gerhard Engel, Mitte Hitlers persönlicher Adjutant Otto Günsche.

(Vorhergehende Doppelseite:)
Herbst 1944. Einer der letzten Frontbesuche Hitlers. Neben ihm sein Pilot Baur.

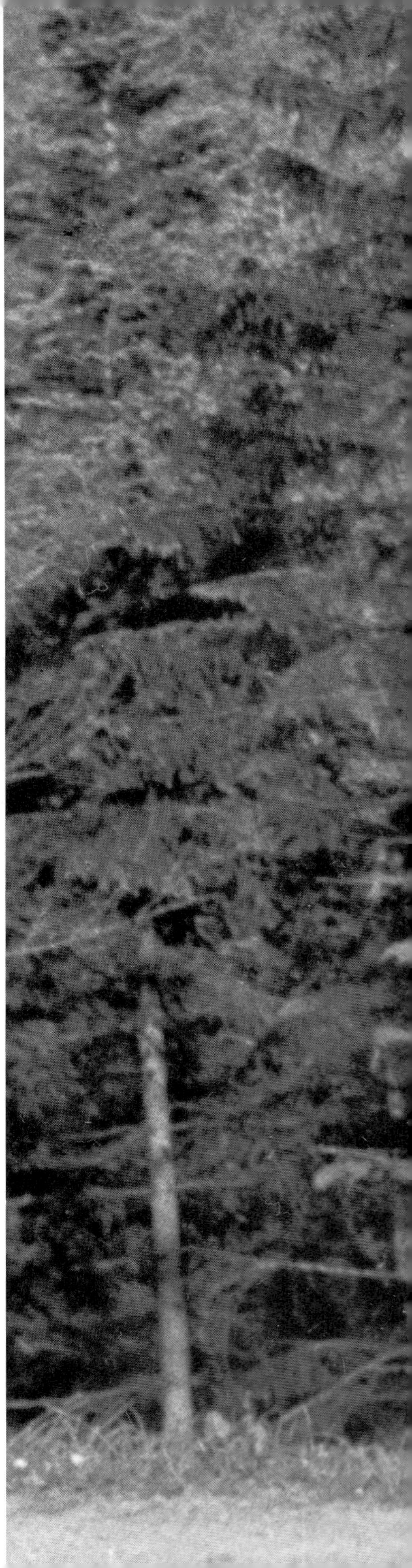

Zum letzten Mal auf dem Berghof.

Hitler und Eva Braun, am 20. April 1943 bei Hitlers 54. Geburtstag auf dem Obersalzberg fotografiert.

Im Herbst 1944 mobilisiert Hitler die letzten Kräfte in Deutschland. Er ruft alle waffenfähigen Männer im Alter von 16 bis 60 Jahren zum Volkssturm auf. Anfang Dezember beginnt er mit der Planung einer Offensive im Westen. Seinem Generalstabschef, Generaloberst Guderian, der ihn warnt, indem er auf die bedrängte Ostfront hinweist und jede Offensive für einen unnötigen Kräfteverschleiß hält, fährt er an: »Sie brauchen mich nicht zu belehren! Ich führe seit fünf Jahren die deutschen Heere im Felde und habe in dieser Zeit so viel praktische Erfahrungen gesammelt, wie die Herren im Generalstab sie nie sammeln können. Ich habe Clausewitz und Moltke studiert und alle Aufmarschpläne Schlieffens gelesen. Ich bin besser im Bilde als Sie!«
In der Frontlagebesprechung am 12. Dezember 1944 sagt er seinen Generalen: »Kriege werden letzten Endes dadurch entschieden, daß die eine oder andere Seite einsieht, daß es keinen Sieg gibt. Wir dürfen keinen Augenblick verstreichen lassen, ohne dem Feind zu zeigen, daß er niemals, was er auch tun mag, auf Kapitulation rechnen kann. Niemals, niemals!«
Vier Tage später beginnt er die Ardennen-Offensive. Sie scheitert. Aber der endgültige Untergang des Dritten Reiches wird um kurze Zeit hinausgezögert. Doch dann am 7. März fällt Köln, Frankfurt am Main am 29., Nürnberg, die »Stadt der Reichsparteitage« wird an Hitlers 56. Geburtstag, am 20. April 1945, von den Amerikanern erobert.
Von der Oder aus beginnen die Russen am 16. April ihren Angriff gegen Berlin. Acht Tage später ist die Stadt eingeschlossen. In den letzten Stunden seines Lebens – die Rote Armee hat bis auf wenige Stützpunkte die deutsche Hauptstadt erobert – heiratet Hitler seine langjährige Geliebte Eva Braun. Am 29. April um 4 Uhr morgens unterzeichnet er sein Testament. Es fällt nach Kriegsschluß in die Hände der Alliierten und wird lange vor den Deutschen verborgen gehalten. Man befürchtet, sie könnten noch immer seinen Worten glauben, mit denen er seine Schuld am Ausbruch des Zweiten Weltkrieges bestreitet: »... Es ist unwahr, daß ich oder irgendjemand anderer in Deutschland den Krieg im Jahre 1939 gewollt haben. Er wurde gewollt und angestiftet ausschließlich von jenen internationalen Staatsmännern, die entweder jüdischer Herkunft waren oder für jüdische Interessen arbeiteten. Ich habe zuviele Angebote zur Rüstungsbeschränkung und Rüstungsbegrenzung gemacht, die die Nachwelt nicht auf alle Ewigkeiten wegzuleugnen vermag, als daß die Verantwortung für den Ausbruch dieses Krieges auf mir lasten könnte. Ich habe weiter nie gewollt, daß nach dem ersten unseligen Weltkrieg ein zweiter gegen England oder gar gegen Amerika entsteht. Es werden Jahrhunderte vergehen, aber aus den Ruinen unserer Städte und Kunstdenkmäler wird sich der Haß gegen das letzten Endes verantwortliche Volk immer wieder erneuern, dem wir das alles zu verdanken haben: Dem internationalen Judentum und seinen Helfern!«
In seinem Testament bekennt Hitler sich zu den Massenmorden an den Juden, von deren Ausmaß die Deutschen zum ersten Mal nach dem Krieg erfahren: »... Ich habe aber auch keinen Zweifel darüber gelassen, daß, wenn die Völker Europas wieder nur als Aktienpakete dieser internationalen Geld- und Finanzverschwörer angesehen werden, dann auch jenes Volk mit zur Verantwortung gezogen werden wird, das der eigentlich Schuldige an diesem mörderischen Ringen ist: Das Judentum! Ich habe weiter keinen darüber im Unklaren gelassen, daß dieses Mal nicht nur Millionen Kinder von Europäern der arischen Völker verhungern werden, nicht nur Millionen erwachsener Männer den Tod erleiden und nicht nur Hunderttausende an Frauen und Kindern in den Städten verbrannt und zu Tode bombardiert werden dürften, ohne daß der eigentlich Schuldige, wenn auch durch humanere Mittel, seine Schuld zu büßen hat.«
Am 30. April, um 15 Uhr 30, sterben Adolf und Eva Hitler durch Selbstmord. Vor dem Bunker der Reichskanzlei, dem letzten Hauptquartier, versucht man die Leichen zu verbrennen. Die Sowjets finden sie halbverkohlt in einer Baugrube.
Vor den Vertretern aller Siegermächte unterschrieben am 9. Mai 1945 im Hauptquartier Marschall Schukows in Berlin-Karlshorst die Vertreter der deutschen Wehrmacht die bedingungslose Kapitulation Deutschlands.
Das Reich Adolf Hitlers, das ›Tausendjährige‹, wie er es nannte, hatte 12 Jahre, drei Monate und 10 Tage gedauert.

(Vorhergehende Doppelseite:)
Hitlerjungen, Hitlers letztes Aufgebot, werden am 20. März 1945 für ihren Fronteinsatz in der Berliner Reichskanzlei mit dem Eisernen Kreuz ausgezeichnet.

Anhang

Bibliographie

Benoist-Méchin, J., *Jahre der Zwietracht,* Oldenburg 1965
Bracher, Karl-Dietrich, *Die nationalsozialistische Machtergreifung,* Frankfurt und Berlin 1974
Bullock, Alan, *Hitler,* Frankfurt a. M. 1964
Burden, Hamilton T., *Die programmierte Nation,* Gütersloh 1967
Diehl-Thiele, Peter, *Partei und Staat im III. Reich,* München 1971
Domarus, Max, *Hitler,* München 1965
Fest, Joachim, *Hitler,* Frankfurt und Berlin 1973
Fest, Joachim, *Das Gesicht des Dritten Reiches,* München 1964
Fraenkel, Manvell, *Goebbels,* Köln und Berlin 1960
Heiber, Helmut, *Hitlers Lagebesprechungen,* Stuttgart 1962
Hitler, Adolf, »Mein Kampf«, München 1943
Hubatsch, Walther, *Hitlers Weisungen für die Kriegsführung,* München 1965
Lang, Jochen von, *Hitler close-up,* New York 1973
Maser, Werner, *Der Sturm auf die Republik. Frühgeschichte der NSDAP,* Stuttgart 1973
Maser, Werner, *Hitlers Briefe und Notizen. Sein Weltbild in handschriftlichen Dokumenten,* Düsseldorf 1973
Maser, Werner, *Adolf Hitler,* Legende, Mythos, Wirklichkeit, 6. Aufl., München 1974
Maser, Werner, *Adolf Hitler,* »Mein Kampf«, Geschichte, Auszüge, Kommentare, München 1974
Müller, Klaus-Jürgen, *Das Heer und Hitler,* Stuttgart 1969
Speer, Albert, *Erinnerungen,* Frankfurt und Berlin 1969
Trevor-Roper, H. R., *Hitlers letzte Tage,* Zürich 1948

Register

Auf den Fotos abgebildete und im Bildtext angesprochene Personen. Hitler wurde nicht berücksichtigt.

Baur, Hans (1908), Flugkapitän Hitlers 187
Bormann, Martin (1900–1945), Sektretär des Führers, Reichsleiter und Reichsminister 118, 163, 177, 178
Brauchitsch, Walter von (1881–1948), Generalfeldmarschall und Oberbefehlshaber des Heeres 1938–1941 136, 137
Braun, Eva (1912–1945), Geliebte und Ehefrau Hitlers (1945) 91, 170, 171, 190
Brückner, Wilhelm (1884–1954), Oberleutnant a.D., SA-Obergruppenführer und persönlicher Adjutant Hitlers 33
Buch, Walter, Major a.D., Reichsleiter, Oberster Parteirichter 64

Dietrich, Dr. Otto (1897–1952), Reichspressechef 177
Dönitz, Karl, Großadmiral, Oberbefehlshaber der Kriegsmarine seit 1943. Oberbefehlshaber der Wehrmacht und Reichtspräsident 1.5.1945 176

Eden, Anthony Sir, englischer Minister und Premierminister 114
Edward VIII. (1894–1972), Herzog von Windsor und König von England 1936 123, 124
Engel, Gerhard, Wehrmachtsadjutant 184

Frick, Dr. Wilhelm (1877–1946), Reichsminister (1933–1943), Reichsprotektor von Böhmen und Mähren seit 1943 32, 77, 118

George, Lloyd (1863–1945), brit. Premierminister 122
Goebbels, Dr. Joseph (1897–1945), Gauleiter von Berlin, Reichsminister für Volksaufklärung und Propaganda, Bevollmächtigter f.d. totalen Kriegseinsatz 68, 77, 97
Goebbels, Magda, Frau von Dr. Joseph Goebbels 67, 68, 96
Göring, Hermann (1893–1946), Reichsmarschall und Oberbefehlshaber der Luftwaffe 74, 78, 79, 81, 100, 146, 147, 161
Günsche, Otto, persönlicher Adjutant Hitlers 184

Hacha, Dr. Emil (1872–1945), Präsident der Tschechoslowakei 1938, Präsident des Protektorats Böhmen und Mähren 133
Heinemann, Bruno, General a.D., I. Vorsitzender des Partei-Schlichtungs-Ausschusses (späteres Parteigericht) 62

Heß, Rudolf (1894), Reichsminister und Stellvertreter Hitlers bis 1941 39, 57, 63, 118
Himmler, Heinrich (1900–1945), Reichsführer SS, Reichsminister seit 1943, Befehlshaber des Ersatzheeres 65, 184
Hindenburg, Paul von Beneckendorff und von (1847–1934), Generalfeldmarschall, Reichspräsident 82
Hitler, Adolf (1889–1945), Führer und Reichskanzler, Oberster Befehlshaber der deutschen Wehrmacht *passim*
Hitler, Aloys (1837–1903), Zollamtsoberoffizial a.D., Vater von Adolf Hitler 21
Hitler, Klara, geb. Pölzl (1860–1907), Mutter von Adolf Hitler 18
Hoffmann, Erna, zweite Frau des Hitler-Fotografen Professor Heinrich Hoffmann 68

Jodl, Alfred (1890–1946), Generaloberst, Chef Wehrmachtführungsstab im Oberkommando der Wehrmacht 160, 177, 178

Keitel, Wilhelm (1882–1946), Generalfeldmarschall, Chef des Oberkommandos der Wehrmacht 173
Kriebel, Hermann, Oberstleutnant a.D., früher Mitkämpfer Hitlers i.d. NS-Partei 32

Ludendorff, Erich (1890–1943), General und Politiker 33
Lutze, Viktor (1890–1943), Stabschef der SA v. 1934 119

Mussolini, Benito (1883–1945), Führer der Faschisten (Duce), Ministerpräsident Italiens 131, 151

Neurath, Konstantin, Freiherr von (1873–1956, Reichsprotektor von Böhmen und Mähren 1939–1941 88, 115

Ondra, Anni, Filmschauspielerin, Frau des Boxweltmeisters Max Schmeling 84

Papen, Franz von (1879–1969), Reichskanzler 1932, Vizekanzler 1933–1934, Diplomat bis 1944 84
Pernet, Heinz, Oberleutnant a.D., früher Mitkämpfer Hitlers, Stiefsohn von Ludendorff 32
Pfeffer von Salomon, Franz (1888), Oberster SA-Führer 1926–1930 38
Phipps, Sir Eric, englischer Botschafter in Deutschland 115

Raubal, Angela, Schwester Hitlers 127
Raubal, Geli, Nichte Hitlers 89
Ribbentrop, Joachim von (1893–1946), Reichsaußenminister seit 1938 114, 122, 135
Riefenstahl, Leni, Schauspielerin und Regisseurin 84
Röchling, Hermann (1872–1955), Geheimrat, Industrieller und Wehrwirtschaftsführer 160
Röhm, Ernst (1887–1934), Stabschef der SA 33, 74, 94
Rosenberg, Alfred (1893–1946), Reichsleiter, Reichsminister f.d. besetzten Ostgebiete 30, 64

Sauckel, Fritz (1894–1946), Gauleiter, Reichsstatthalter, Generalbevollmächtigter f.d. Arbeitseinsatz 78, 79
Saur, Karl, Mitarbeiter v. Rüstungsminister Speer 148
Schaub, Julius, Adjutant Hitlers 68, 177
Scherff, Walter (1899–1945), General und Historiker im FHQ 180, 183
Schirach, Baldur von (1907–1974), Reichsjugendführer, Reichsleiter, Gauleiter u. Reichsstatthalter von Wien 112
Schmeling, Max, Boxweltmeister 84
Schmidt, Dr. Paul (1899–1970), Dolmetscher der Deutschen Reichsregierung seit 1924 115
Schwarz, Franz Xaver, NS-Reichsschatzmeister, Reichsleiter 64
Seldte, Franz (1882–1947), Stahlhelmführer, Reichsarbeitsminister von 1933–1945 118
Simon, Sir John, engl, Politiker (1873–1954) 114
Sonnemann, Emmi, Ehefrau von Hermann Göring 80
Speer, Albert, Rüstungsminister und Architekt 148
Strasser, Gregor (1892–1934), früher Mitarbeiter Hitlers, erster Reichsorganisationsleiter der NS-Partei 65
Streicher, Julius (1885–1946), Gauleiter, Herausgeber »Der Stürmer« 58

Wagner, Robert, Leutnant a.D., früher Parteigänger Hitlers 33
Wagner, Winifred, Frau des Komponisten Siegfried Wagner, des Sohnes Richard Wagners 84
Weber, Dr. Friedrich, Freikorpsführer und früher Parteigänger Hitlers 31, 32
Wolff, Johanna, Sekretärin Hitlers 68

Zeitzler, Kurt, Chef des Generalstabs 184

Genehmigte Lizenzausgabe für Weltbild Verlag GmbH,
Augsburg 1993
Gesamtherstellung: Mohndruck, Gütersloh
Printed in Germany
ISBN 3-89350-567-9